犹太妈妈不买玩具

[韩] 郭银京——著　　何 汲——译

SPM南方出版传媒
广东科技出版社｜全国优秀出版社
·广州·

给中国读者的话

2007年秋天，在上海旅行期间，我见到了一个充满活力的中国。

上海是个古老与新潮并存的城市，既拥有众多高档餐厅和摩天大楼，又能从中窥见其悠久的历史，这给我留下了深刻的印象。在我眼中，中国和我以前遇到过的中国朋友很像。我在加拿大研修语言期间和在美国生活期间遇到的中国朋友都这么形容中国："虽然很安静，但很有深度，诚恳而干练。"中国人虽然刚见面时很安静，但交往之后就会发现，他们很诚恳，很干练，所以我经常向他们学习。身为作者，我很荣幸能够在中国这个历史悠久又生机勃勃的国家出版这本书。

本书的内容是我在美国的犹太人教育环境中，养育儿子所经历和体会到的一些事情。当时，我认识了许多犹太朋友，发现他们也会犯错，也有例外的情形，而且每个人都有不同的教育观。但是，我的犹太朋友全都有独到而清晰的教育理念。偶尔，甚至有着让人觉得费解的儿童教育标准。这些犹太父母特有的教育理念，使得他们的整个家庭十分紧密而稳固，并且让人感到安心和幸福。确立育儿方针和人生哲学，其主体正是我们自己。家庭教育的所有责任，全都落在父母身上。孩子的对与错、能做与不能做的标准，都取决于父母怎么教育孩子。父母必须基于诸多考量与研究，才能定出这套标准。教育理念并不是成天思考就可以创造出来的，而是需要通过许多体验、学习、阅读和沟通，才能领悟属于自己的教育理念。

我们并不是为了满足他人的期待而活的。

——阿尔弗雷德·阿德勒（Alfred Adler）

这是著名犹太心理学家阿德勒的名言。我们教育自己的孩子，也不是为了满足其他人的期望。如果父母教育孩子的目标，是培养出一个别人眼中稳重的孩子，一个能够上名校并获得别人称赞的孩子，一个穿着名牌服装让人看起来光鲜亮丽的孩子，那么父母与孩子之间，势必会产生无止境的压力。如果父母放任一个霸凌别人、毫不讲理的孩子，那就难以宣称这是所谓的教育理念。

凡是基于诚实、自信、正义、和平、关怀和分享等大原则所确立的教育理念，无论遇到什么波澜，都不会有所动摇。明智的父母都知道，坚定地确立属于自己的教育理念，比任何事情都重要。我希望从我与犹太朋友往来的实际生活体验中所获得的领悟与教诲，能给中国读者的教育理念带来一些帮助。

2019 年夏天，在美国常青藤大学巡回演讲时，我见到了很多中国人。在著名的图书馆、知名的高中等地方都有很多中国人。我 13 岁的儿子和从北京来的母亲都告诉我："中国大多数父母都把孩子的教育放在第一位。"

听到如此重视教育的中国将要出版这本书的消息，我非常高兴。特别是我遇见过的中国朋友和犹太人有很多相似之处，都很重视培养孩子，重视家庭教育。倘若书中的内容能够给读者朋友带来哪怕一丝的帮助，我也会感到非常欣慰。

可能的话，我希望在不久的将来，能够有机会再去中国拜访，在我的朋友出生的地方，得到更多回忆与体验。对本书翻译及出版过程中提供协助的许多工作人员，在此一并致上由衷的感谢。我也翘首期盼着未来能与中国的读者见面。

2019 年 8 月

郭银京

前 言

在韩国时，我是个既要上班又要育儿的职场妈妈，时间和体力有限，好在身边有许多亲朋好友协助。当时，我妈妈总是随时准备好家常小菜给忙碌的我送饭。在育儿的过程中，每逢我精疲力竭时，朋友总会听我发牢骚。当时育儿对我而言，可以说是既困难又新鲜。

有一天，我先生决定去美国留学，我和儿子也得跟着他离开韩国。前往一个陌生的国度，既没有妈妈的照顾，也没有好朋友可以分享心情，完全失去了稳固的后盾，这真的让我感到十分惶恐。

到美国后，儿科医生建议，晚上8点之后把孩子送进房间，关上房门，以培养孩子的独立性，让他养成自己睡觉的习惯。但我对此实在无法认同。后来，看到美国妇女推着婴儿车去餐厅吃饭，孩子哭闹时，只是用脚踢一下婴儿车，然后就继续吃饭，这点也令我饱受冲击。于是，我决定找出适合自己的育儿方式。

将对人类历史具有重大影响力的天才们一一罗列后，我发现犹太人确实对人类社会做出了重大贡献。曾获诺贝尔文学奖的美国歌手鲍勃·迪伦（Bob Dylan）、脸书（Facebook）创始人马克·扎克伯格（Mark Zuckerberg）、谷歌（Google）创始人之一谢尔盖·布林（Sergey Brin）、星巴克创始人霍华德·舒尔茨（Howard Schultz）、31冰淇淋创始人之一欧文·罗宾斯（Irvine Robbins）、金融巨头罗斯柴尔德家族（The Rothschild Family）创始人梅耶·罗斯柴尔德（Mayer Amschel Rothschild）、电影导演史蒂文·斯皮尔伯格（Steven Allan Spielberg）、喜剧泰斗卓别林（Charlie Chaplin）、诺贝尔经济学奖得主保罗·萨缪尔森（Paul Anthony Samuelson）、诺贝尔和平奖得主外交官基辛格（Henry Alfred Kissinger）、画家毕加索（Pablo Picasso）和马克·夏加尔（Марк шагал）、古根海姆博物馆创始人所罗门·R.古根海姆（Solomon R.Guggenheim）和艺术收藏家佩姬·古根海姆（Peggy Guggenheim）、社会主义创始人卡尔·马克思（Karl Heinrich Marx）、现代科学先驱及天才物理学家爱因斯坦（Albert Einstein）等，都是犹太人。我也经常看到犹太人不落人后地捐款和参与慈善活动的相关报道。犹太人只占美国人口不到2%，但是他们在美国境内的捐款金额，竟然占了美国慈善捐款总额的45%。

失去了国家、散落在世界各地的犹太人，他们得以在各个领域取得成功的秘诀是什么？为什么只占全球人口0.2%的犹太人，占了历年诺贝尔奖得主的22%，还占了美国常春藤盟校学生的四分之一呢？

出于好奇，我开始关注犹太人的文化和教育，并且毫不犹豫地帮儿子在犹太幼儿园报名。由于这个大胆的决定，我认识了许多犹太朋友，如犹太教拉比（意为“圣者”，是犹太人中的一个特别阶层，他们接受过正规犹太教育，系统学习过犹太教经典，担任着犹太人社团或犹太教教会的精神领袖，或在犹太经学院中传授犹太教教义）、幼儿园园长、大学教授、医生、律师、商人、家庭主妇和教师，其中许多人成为我的挚友。犹太人在成为你朋友的前后，有着显著的差异。当犹太人将你视为朋友之后，就会不问缘由，毫不计较地帮助你，并且会真诚、不矫饰地与你分享他们的生活哲学。

本书或许可以成为一本打破许多人对犹太人既有成见的书。最重要的是，我并不是要在本书中叙述，得到诺贝尔奖的犹太人有多么伟大，或是犹太父母是如何完美而优秀等这类不切实际的故事。

虽然有些人认为犹太父母全都英明、聪慧又机智，但是我曾目睹过他们并非全都如此。他们也会犯错，也有例外，每个人都有不同的教育观。而我对犹太孩子的第一印象，反倒是既没精神又散漫。在广为人知的犹太名人逸事中，总是会提及他们有不寻常的童年，这不足为奇。但是我很好奇的是，这些孩子是如何成长为具有领导能力，并且能够展现自我理念的成年人的。

我从我的犹太朋友身上找到了答案。犹太人无论在哪里长大或定居，都可以在那个社群中脱颖而出，原因就在于他们的成长环境，以及从父母那里学到的文化。

那么犹太人的教育究竟是什么呢？我花了许多时间寻找答案，但是没有人能给我一个明确的答案。对犹太人来说，教育就是反映犹太文化、宗教和精神的生活本身。在教养方式各异、家庭文化不同的环境中成长的犹太人，是如何感受和维护身为犹太人的价值的呢？他们长大成人之后，认为什么是教育孩子最重要的事呢？虽然他们也曾遭遇过困难和冲突，但是有一些价值观是绝对不变的。

犹太人通常不会为孩子选择高价玩具，或是强求那些别人觉得荣耀的成绩单、奖状、资格证、知识等，反而更关心孩子学习获取知识的方法，以及将知识活用于生活的态度、习惯和方法。例如，对周围的一切不会走马观花而是好奇地提问的习惯，以及有效学习知识并懂得适时运用知识的方法，还有教导孩子思考如何创造一个更美好的世界，并通过“修补世界”的精神，创造幸福人生。

犹太人学到的这些态度、习惯和方法，会成为他们受用一生的利器。当他们长大，建立新的家庭后，也会将此视为教育下一代的指南。

对我的犹太朋友来说，教育子女不是战争，也不是需要殚精竭虑来制订的伟大计划。

他们认为教育子女就是一种自然的生活习惯，是在日常生活中成长和日积月累的成果；能在生活中实践的才是教育。

没有人生来就是完美的父母。许多人想尽办法想要成为最好的父母，而大部分父母总是会迷失方向，或是走弯路。但是我们不能忘记，最好的时机总是当下。我一直在寻找最好的教育方法，寻找理想的家庭样貌，并且致力于找寻真正的自我，这正是我所期待和梦想的人生。

如果各位对如何教育孩子感到彷徨无助，或被身边的人质疑不会带孩子而倍感压力，又或者受到许多育儿建议的影响而摇摆不定，希望本书能够为你带来些许安慰，并帮助你找到自己的路。每个人的生命罗盘都应该掌握在自己手中，我们必须成为教育自己孩子和确定家庭方向的主体，这点请务必铭记于心。

目 录

PART 1
懂得与众不同地思考、具有创意的孩子

PART 2

无愧于自己人生的孩子

PART 3

享受交谈与演讲、辩论的犹太人

PART 5

妈妈的个人时间不被牺牲

PART 6

我的犹太朋友不会虚张声势

PART 7
犹太人是协商达人

访 谈

PART

1

懂得与众不同地思考、具有创意的孩子

爱因斯坦早在1916年就通过广义相对论，推测出重力波的存在，但一直到100年后，重力波的存在才终于得到证实，他的天才也再度得到肯定。爱因斯坦堪称20世纪最伟大的天才科学家，他去世之后，大脑被病理学家托马斯·哈维（Thomas Stoltz Harvey）偷走，并且切分成240块来进行研究。爱因斯坦幼年时，他父亲曾经送给他一个罗盘，启发了他的好奇心。从那时起，哪怕成为人类最伟大的科学家，爱因斯坦终其一生都在强调创造力。

开启语言哲学新局面的路德维希·维特根斯坦（Ludwig Josef Johann Wittgenstein），被美国《时代杂志》评选为过去2000年来最伟大的思想家，以及共产主义理论的创始人马克思，以《人是一根会思考的芦苇》一书闻名于世的哲学家布莱士·帕斯卡（Blaise Pascal），提出波义耳定律的化学家罗伯特·波义耳，提出博弈理论的数学家约翰·冯·诺依曼（John von Neumann），谷歌创始人之一谢尔盖·布林，以及脸书创始人扎克伯格，星巴克创始人舒尔茨……若要列出全球各个领域具有影响力的犹太人的名字，恐怕一整本书都不足以完全收录。

在改变世界的人物中，总是看得到犹太人的身影！犹太人究竟有什么秘密武器，让他们总是能够发掘新的领域，开创人类发展新篇章呢？无论何时，犹太人总是在新领域具有遥遥领先的惊人力量，这点真是令人好奇不已。

01
在好奇心的海洋中游泳的孩子

我观察过俊宇上的犹太幼儿园后，深深觉得犹太人的创造力来自于他们所创造的能得到认可的环境。犹太人的文化并不会以权威和先入为主的观念来指责或压迫孩子，而是对孩子勇于尝试新事物的行为给予高度的评价。

我先生曾经提及他小学上美术课的时候，在“我的爸爸妈妈”的画作中，将人脸涂成蓝色，结果被老师训了一顿，要求他改用肉色的蜡笔再涂一次。这对犹太人而言，是不可能发生的事情。犹太人自始至终都鼓励孩子发挥好奇心，因此，在犹太人的教育中，他们相信将肤色认定为肉色是一种偏见，并将成为可怕的绊脚石。

印象中，在俊宇上犹太幼儿园的时候，我不曾看到过什么正式的成绩单，也没有什么数学或英语习题本。如今，俊宇已经升上小学三年级，有一天他做功课做到一半的时候，突然对我说：“我生命中最美好的时光就是在幼儿园度过的！那时候每天就只顾着玩，老师怎么都不会生气呢？”

俊宇在幼儿园里所有的课程安排，就是自由自在地玩耍、画画、唱歌、阅读故事书和讲故事。孩子各自在室外和室内的游乐场中，设法找到自己喜欢的活动，如骑自行车、溜滑梯、荡秋千、堆沙堡、过家家等。犹太学校的一大特色，就是将一天当中大量的时间，都花在画画或学习音乐上。

犹太父母十分重视孩子幼儿期的艺术教育。俊宇的同班同学中，很多人自 5 岁起开始学习小提琴、钢琴等乐器。而且犹太人还致力于通过自由绘画来拓展孩子的思维。

我的犹太朋友迈哈尔的妹妹，在她的孩子 2~3 岁时，首先进行的就是艺术教育，这不是指教孩子画画，而是指带孩子参与可以启发想象力和创造力的艺术活动。犹太人相信幼儿期进行这种具有创意性的艺术教育，可以让孩子的头脑变得灵活，一旦头脑变得灵活，孩子的想象力就可以得到提升，且能深化思考并加以实现。

事实上，在有许多犹太人居住的纽约曼哈顿区，犹太艺术家庭教师的人气非常高。

艺术活动所发挥的想象力，不仅可以运用在人文学科上，在科学方面也扮演着重要的角色。美国的大学在选拔新生时，会针对有音乐、艺术和体育专长的人给予加分，因为他们想要争取的，不是只懂得学习现有知识的背诵天才，还得是具有创造性思维、社交能力强且具有领导能力的学生。

俊宇在犹太幼儿园的大部分时间，主要都用在读故事书及交谈上。孩子读了各式各样的书籍之后，会对书的内容畅所欲言，每到这个时候，大部分孩子都非常专注，眼神仿佛散发着光芒似的，而且还会提出许多问题和点子。因此，每次孩子读完书后，教室里总是闹哄哄的。

犹太父母和老师都会培养孩子从小提问的习惯。因为他们相信问问题是刺激大脑最好的方法。最重要的是，即使孩子提出了荒谬的问题，无论父母还是老师，都会加倍赞美和鼓励孩子。因为孩子所提出的荒谬问题，可能是孩子思考的起点或是中间过程，也可能是创造新事物的开端。

到了需要教授知识的阶段，犹太幼儿园也会采用一些与众不同的方式。例如，要教 5~6 岁的孩子关于毛毛虫的一生，首先会带孩子去社区附近的儿童剧场，观赏有关毛毛虫一生的短片。而且在看短片之前，就要反复朗读许多相关书籍给孩子听，引发孩子的兴趣，以便让孩子有一个全面的想法。看完短片回来之后，再找时间让孩子相互分享对短片内容的感受。其次，犹太人还会利用纸和黏土，直接做出毛毛虫的模样。当老师要教授毛毛虫变成蝴蝶这种复杂的概念时，通常会利用卷筒卫生纸，在孩子面前呈现出整个过程。孩子会被卷筒卫生纸卷起来，然后试着像蝴蝶一样张开双臂，模仿蝴蝶拍打着翅膀。通过这种直接的角色扮演，孩子可以用眼睛去看、去体验，并通过音乐、美术和讨论的方式，一再反复这个过程，持续几个月之后，孩子就能完整地学习到毛毛虫变成蝴蝶的过程，并且具备整体思考的能力。

02
犹太妈妈不需要买玩具

《培养高情商男孩》一书的作者丹·金德伦（Dan Kindlon）博士曾于2015年到我们社区来演讲。当时，有位一起参加这个活动的朋友跟我聊，说她听了金德伦博士的演讲后，觉得印象最深刻的部分是："尽情地跑跳和游戏，就是儿童学习和心理健康发展的最佳处方。"

犹太人认为，**游戏不是放假时的休闲活动，而是激发孩子好奇心的一种方式。犹太人认为早期教育的核心，就是自由自在且多元化的游戏。**9岁之前是人类开发右脑创造力功能的黄金时期，因此，犹太人不会错失这个机会，他们会通过早期教育的方式，来提高孩子的创造力和直觉。

我记得移居到美国之前，我们先在韩国买了昂贵的益智玩具，然后寄到美国。可是犹太父母并不会选择益智玩具作为儿童玩具，因为周围一些微不足道的东西，就可以拿来当成玩具，也可以当成教具。

我的犹太朋友利亚德的祖母是一位典型的犹太奶奶，很喜欢和孩子聊天。有一次她从以色列来美国拜访利亚德一家。某天晚饭后，我们一起在利亚德家喝茶。在大人聊天聊得正起劲时，俊宇悄悄拿着一个新玩具来给我看，在回家途中的车上，甚至回到家睡觉之前，他无时无刻不带着这个玩具。俊宇的新玩具，不是别的，就是一张奶酪包装纸。

原来俊宇的新玩具是利亚德的祖母用孩子吃完后丢弃的奶酪包装纸，做成爱心的形状，还有拐杖、光剑的样子，激发了孩子的想象力和好奇心。

对我而言，陪俊宇一起玩游戏，真的不是一般困难的事。往往要苦恼老半天来规划，规划好后，再一起去市场买需要的材料来准备。一言以蔽之，就是“舍命陪君子”，需要花费的时间、金钱，以及所形成的压力，往往让我在真正开始陪他玩之前，就已经耗尽自己的精力。

然而，犹太人觉得，跟孩子一起玩游戏是再自然不过的事。因此，犹太父母并不需要特别找时间去买玩具，或是准备教具。

不过，这并不意味着犹太父母完全不买玩具，只是犹太父母会从生活中的一切事物中取材，并不局限于购买昂贵的玩具。因此，他们可以将奶酪包装纸当作黏土般的玩具，把树叶和树枝当成教具，把商店的招牌和交通标志当成儿童学习认字的教材。

事实上，这个过程看似容易，却需要相当的创造力和想象力。犹太父母会观察周围的一切，试图从中找到可以让孩子感兴趣的东西，以及可以教育孩子的机会。尤其是大多数犹太父母认为，无论何时何地，不停地跟孩子对话及沟通，就是最好的玩具。

犹太父母观察周围环境的习惯和找寻机会的无限想象力，自然而然就培养出了孩子的创造力，并且具备将世界上一切事物都做成玩具的创意。而运用这些点子做出来的玩具，也更能激发孩子的知性与感性。犹太父母认为，让孩子感到快乐的游戏，不仅有助于孩子创造力的提升与人格的养成，更将成为符合孩子年龄的真正功课。

03

为什么海不是红色或黄色，而是蓝绿色的呢？

要立刻想象出一个看不到的抽象事物，其实远比想象中困难。犹太人从很小的时候开始，就想象着上帝这一抽象的存在，并且研读犹太典籍《妥拉》（《旧约圣经》的前五卷，又称为《摩西五经》）。我的犹太朋友中，即便是没有宗教信仰的人，也会教导孩子有关上帝和《妥拉》的内容，因为这些内容在成为宗教之前，也是犹太人的历史。

此外，另一本犹太典籍《塔木德》（有长达 12 000 页的各种不同的故事）则记载了从公元前 500 年至公元 500 年的故事，内容充满各式各样的寓意和信息。犹太人告诉孩子这些故事，同时提出许多问题，以诱发孩子的好奇心，并且认真思考。

“阿姨，为什么海不是红色或黄色，而是蓝绿色的？为什么天空不是白色或绿色，而是天蓝色的？”

有一天，我犹太朋友的孩子约瑟夫因为和俊宇约好共度玩耍日（为了让孩子一起玩耍所约定的聚会），带着妹妹到我家来玩。约瑟夫受到曾为以色列物理学家的妈妈斯格列特的影响，梦想成为物理学家。他来我家玩的时候，同样也问了我无数个问题。

我对海是蓝绿色的这件事从来不曾怀疑过，因此，约瑟夫问的这个问题让我顿时哑口无言。不过，许多犹太人对我们视为理所当然、一语带过的事情，都会提出质疑，并且不断加以探索。

犹太人对周围容易视而不见的事物总是会保持好奇心。这种好奇心的出发点，始于与父母之间的自然对话，而且不受限于时间和空间。约瑟夫的父母，也就是我的朋友亚龙和斯格列特，就算是平时搭车的时候，也会和孩子相互交谈和提问，主要是对坐车过程中一闪而过的事物感到好奇。因此，每天的上下学时间，就成为他们分享彼此想法的好时机。

相对而言，我们其他大多数人都是急切地关注着眼前的东西，像昂贵的婴儿车、新款的包包、孩子的成绩等。

每当我跟犹太朋友碰面时，总会听到许多新奇的声音。这些无形的声音，就是动脑的声音！不管事情如何复杂，犹太人都不会放弃去解开它。在我眼里明明看不到任何东西，但是我的犹太朋友即便看着虚空的一切，也能不停地思考。

以《梦的解析》一书闻名于世的弗洛伊德，是一位具有代表性的犹太心理学家，他是精神分析学派的创始人，提出了无形的“无意识”和“自我”的创见。犹太人认为，相较于眼见为凭，就算是无法当场看到的事物，也有其存在价值。

有句话说：“如果你想活得像一个犹太人，与其活动你的身体，不如动动你的大脑。”运用大脑深入思考的能力，正是发挥创造力的基础。

04

创造是预测未来之钥匙

“现代管理学之父”彼得·德鲁克曾说：“预测未来的最好方法，就是创造新事物。”虽然预测未来相当困难，但我们可以创造未来。

希伯来语是以色列的官方语言，所谓的“希伯来”一词，意指站在单独的另一边。处于这个人与人相互比较和竞争的世界，获胜者往往凤毛麟角，但是，如果具备有别于他人的能力并站在另一边的话，就有无限的可能性。有句名言说：“如果你跟兄弟较劲，只会两败俱伤。但是如果能够各自发挥独特的个性，就可以双赢。”此外，这句话也蕴含着无限的希望，意味着即使我跟别人不一样，也不是涌现的智慧，将成为开辟新途径和创造源泉的关键。未来必将是由创造者领导的时代，而创造正是预测未来最好的一把钥匙。

05

一定会有办法

犹太人对于创造的渴望，往往容易被视为空想的不切实际的思考。实际上，犹太人是个重视现实及理性主义的民族。犹太人虽然相信上帝，但是不会和孩子谈论天堂和地狱，他们清楚地知道，虚无的空想和创造性的想象力之间是有差异的，因此，犹太人并不相信奇迹。

俊宇就读的那所犹太幼儿园的入口处，有一个装满书的书柜，就像一个小型图书馆。有一天，我看到一本叫作《爷爷一定有办法》的书。我很好奇对不相信奇迹、讲求理性主义的犹太人来说，到底什么是可以从无创造出有的方式？倘若一无所有，又究竟能创造出什么东西？

当约瑟夫还是个婴儿的时候，他祖父送给他一条手工制作的小毯子。几年后，当约瑟夫的母亲想扔掉这条旧毯子时，约瑟夫把它交给了祖父。祖父将小毯子做成了一件外套。随着约瑟夫不断长大，外套变成了背心，背心又变成了一条相当不错的领带，最后领带变成了一颗小纽扣。但是，约瑟夫把这颗小纽扣掉到溪水中弄丢了。约瑟夫的母亲和祖父告诉他:“约瑟夫，现在什么东西都没有了，祖父再也没办法创造出任何东西了。”

有一天，约瑟夫带着纸笔去上学，喃喃自语道:“我有足够的材料来创造新的东西。”然后他将这个故事写出来，作为一本相当棒的书带回去给他的家人，这是他用自己的经验写成的故事书。

这本故事书并未描述盲目期待的奇迹，却有着远比奇迹更伟大的寓意，那便是新颖的想法。这些绝妙的点子，都来自于我们身边发生的微不足道的事情。在这本书里，小毯子留下的踪迹原本会随着纽扣的遗失而告终，但是这些记忆留在约瑟夫的脑海，构成了这个故事。

犹太人所谓的创造，并非来自于幻想，或是不切实际的想象，而是符合理性的合理思维，但同时又打破框架，向超现实的东西张开想象的翅膀。即便手中空无一物，也并非一无所有，只要稍微转换一下想法，不忽视那些看似微不足道的东西，就会在这个世界创造出无限的可能。

经验对想象力的影响极大，但是创造并非百分之百依赖经验，也不一定非得锁定在逻辑框架中不可。创造虽然是以经验为基础，却是通过打破现有经验框架，发挥创意和想象力来创造新事物。例如，有人看到天空中飞翔的鸟之后，开始不切实际地想象：人类能像鸟一样在天空中飞翔吗？然后飞机便被发明出来。这就是打破逻辑框架发挥想象力最后成为现实的例子。

犹太父母还会与孩子一起旅行，在旅程中激发他们的想象力和好奇心。事实上，我周围的许多犹太朋友都非常重视家庭旅行。因为可以借此去观察及享受新的环境，并且发挥想象力和留下深刻的记忆，而这些记忆将是创造力的种子。

电影导演史蒂文·斯皮尔伯格的父亲，曾经在某天晚上听到天气预报说会有流星雨，于是就带着当时年仅13岁的史蒂文·斯皮尔伯格，半夜开车去沙漠。到了沙漠之后，他们在地上铺了毯子，躺着观赏流星雨从天而降，而史蒂文·斯皮尔伯格长大之后，创作出包括《外星人E.T.》在内的多部旷世巨作。

观察、梦想和思考，无关乎学术背景、年龄或收入。许多惊世骇俗的未来先驱者，并不期待去创造一个不切实际的奇迹，他们打破逻辑框架，用自由自在又具有创造性的想象力，拓展了新的视野。

06
笑声不断的教室

当我决定送儿子去上犹太幼儿园之后，就想自己应该先去实际了解一下幼儿园的环境。我想象着到了幼儿园里面，就会亲眼看到犹太小孩拿着《妥拉》或《塔木德》在朗诵的情形，于是十分兴奋地期待着。

然而，我实际看到的犹太幼儿园与我想象中的截然不同。我只看到有的孩子骑着自行车和滑板车，有的孩子在爬树，有的孩子全身是泥地在堆沙堡……孩子全都在教室外的游乐场自由自在地玩耍。

即使走进幼儿园大班的教室，我也只看到满满的绘画工具和玩具。所有在游乐场玩耍的孩子都十分开心，叽叽喳喳笑语不断。我看着孩子洋溢着笑容的幸福脸庞，更加确信，犹太幼儿园对我的孩子也将是个最佳游乐场。事实上，俊宇上了犹太幼儿园后，我亲身感受到犹太人自由开放的教育所带来的巨大差异。

一个没有笑声的教室会让孩子感到无聊，无聊的教育会让孩子不想上学，阻断他们学习的欲望。对于年幼的儿童来说，培养学习能力是一个过程，家长和老师应该尽可能以温和及柔软的方式来帮助孩子学习。父母若是因为自己的期望对孩子施加压力，将会使孩子的学习能力在增强之前就变得拘谨而僵化。一旦能力僵化，以后再怎么努力也无法培养学习能力。

犹太父母为了避免将来后悔，从孩子幼儿期开始，就会竭尽心力帮孩子培养学习能力。唯有将学习视为更有趣、更愉快的游戏，自己产生了好奇心，才能完全沉迷于探索知识的乐趣中而流连忘返。

如果你不是通过《妥拉》产生改变并得到成长，而只是在学习知识，那么你就不是真正在学习《妥拉》。

——教育家邦妮·科恩（Bonnie Cohen）

犹太人并不强迫孩子单纯地背诵知识，因为他们认为，通过教育来改变和成长，才是教育的本质。所谓带来改变和成长的教育，就是让孩子提出疑问并通过想象，最终沉浸在喜悦之中，实际体会到“知之者不如好之者，好之者不如乐之者”这句话的意思。如此扎实的教育，将在许多方面产生丰硕的成果。

找出孩子喜欢什么

犹太妈妈认为，孩子不爱念书的主要原因就是父母的唠叨。她们特别担心孩子对童年时期的学习感到无聊。对犹太人来说，学习是令人愉快的事情，让孩子把学习当成是快乐的事，则是父母的责任。

犹太妈妈不会等孩子说“我喜欢什么”，而是会不断观察和掌握孩子感兴趣和好奇的事情。

最近，俊宇对“宝可梦”（任天堂游戏及其系列动画中的生物，又叫口袋妖怪、神奇宝贝、宠物小精灵等，是生活在“宝可梦”世界的不可思议的生物。）很有兴趣，他在一周之内，就牢牢记住了150只“宝可梦”的名字和特征。

当俊宇开始学习足球、篮球和棒球等新的运动时，他会开始去找这些运动的发展史，以及不同时代和国家的运动员。如此一来，喜欢鱼的孩子就有可能成为鱼类博士，喜欢飞机的孩子就有可能成为飞机专家。

犹太父母为了抓住这些机会，会不断观察孩子。一旦找到孩子的兴趣所在，犹太父母就会尽力拓展孩子这方面的知识，成为孩子的领航员。例如，犹太父母面对一个对火箭感兴趣的孩子，会带他去天文物理博物馆现场观摩学习，让孩子试着画出一幅关于太空的图画，激起孩子的兴趣，并且通过借阅相关书籍，为孩子提供大量信息。如果是已经会写字的孩子，犹太父母会进一步鼓励孩子试着写一篇有关宇宙的故事。从对火箭的兴趣出发，接着是对整个宇宙的了解，逐渐获得与天文学和科学有关的各种整合性的知识。

在犹太幼儿园中，虽然不会教孩子“彩虹”这个词怎么写，但是会正确地跟孩子说明什么是彩虹，还会让孩子画出彩虹，并且讲述与彩虹有关的故事。

此外，俊宇在犹太幼儿园接受到以五感（视觉、触觉、听觉、嗅觉和味觉）来体验的教育方式。犹太人的海沃塔教育法（Havruta，指让两个人相互解释和讨论《塔木德》

的教育方法），便是亲自前往现场观察与感受的体验学习，以及共同参与社区活动，还有以对话和讨论为主的学习方式。孩子可以自由选择日常游戏，并且完成一项整合性的专案课题，实现我们梦寐以求的综合教育。

从孩子的好奇心出发的学习，不是痛苦无聊的事情，而是会变成愉快而有趣的学习。单是犹太人认为学习应该始于兴趣这项传统，就足以让孩子沉浸于学习之中，并且找出自己的天赋所在。

07

学习甜如蜜

加利福尼亚州的犹太教会有位名叫塞缪尔拉比的犹太人，曾经给我讲过一位犹太妈妈的故事。

一天，有位犹太妈妈到教会来寻求帮助，因为她的儿子不知是否因为正值青春期，既不爱笑，也没有一丝活力，还常常把“人生无趣”的话挂在嘴边。因此，她来拜托塞缪尔跟她儿子谈一谈。于是塞缪尔说：“好的，下星期一的4~5点之间，请带你儿子过来，我会真诚地和他谈谈。”但是这位犹太妈妈表示，那个时间已经安排了钢琴课，所以不行，而且这位犹太妈妈还在星期二、星期三和星期四，分别安排了数学课、体育课和音乐课，将孩子的行程排得满满的。

塞缪尔告诉我说:“现在的孩子，行程似乎比我还紧凑。其实，在我还没见到这个孩子之前，就已经明白为什么他不开心了。”

现今的孩子往往在父母亲的强迫下，没有时间自由玩耍，连在读低年级的时候，即便喜欢运动和艺术活动，也会被家长强制留在教室里。美国还有所谓的“足球妈妈”(指热衷于送孩子到足球场接受专业训练的母亲)，不仅希望孩子在学习上，甚至在踢足球方面，都是顶尖的。随着孩子逐渐升入高年级，周末过于激烈的体育运动对孩子形成了另一种压力。

俊宇从犹太幼儿园转到美国公立幼儿园后，才开始学习英文字母。当时我曾经期待:“儿子接受过犹太人的教育之后，应该具有天才的资质，不论学什么都会很快吧？”实际上，我后来才体会到教孩子学习字母是世界上最困难的事，感到非常沮丧。于是我去找俊宇的幼儿园班主任黛博拉，表达了我的担忧和压力。她以恳切的目光望着我说:“绝对不能用强制方式来教导俊宇！一旦俊宇认为学习是枯燥乏味的事，他的脑袋就会关闭90%。所以一定要花脑筋想想，如何让孩子愉快地在生活中学习。”

黛博拉还提出了一些具体的建议，劝我实践看看。

例如：

买好吃的字母饼干，用玩游戏的方式来练习。

上学途中，看到路边的标志和街道名称，不要只是路过，要读出来。

即使只是读一本简短的书，孩子如果是独自阅读，也可能会觉得无聊，可以和妈妈玩各念一句的游戏。

可以试着通过孩子和妈妈玩买卖东西的游戏学习加减法。

犹太学校的老师不会单纯地灌输知识，而是会依据孩子的程度，以日常生活中很容易找得到的材料，进行有趣的整合性教育。所有这些教育中，最基本的元素就是有趣。犹太父母不会为了想要教孩子什么才跟孩子一起玩游戏。当然，孩子可以通过玩游戏来学习硬币的知识，并体会一下数学运算，但是犹太父母更注重与孩子的积极沟通。他们希望情感上有共鸣，让游戏变得有趣，然后通过有趣的游戏让孩子学了还想再学，收到一举两得的效果。

在犹太幼儿园里，学习22个希伯来字母的第一堂课，就是给手指沾上蜂蜜来写下字母，然后准备甜甜的饼干或糖果，让孩子品尝学习的甘甜滋味。犹太人这种习俗，自然会让“学习像蜂蜜一样甜美”的想法深植于孩子心中。

此外，犹太人在美国总统大选前，会设置一个模拟投票箱，用各式各样的色纸让孩子实际体验投票的感觉，使孩子熟悉这种只属于成年人的政治和选举活动。

随着孩子升入高年级，犹太父母与孩子的游戏也跟着升级。在小学的一二年级，犹太人多半会通过交谈与孩子打成一片，对话内容多半是好笑的话题或有趣的游戏。犹太父母之所以经常与孩子交谈，就是为了提高所谓“知性之花”的幽默感。

我最好的朋友蕾莫是一位曾在以色列攻读犹太学的私立学校老师，她曾经送给俊宇一本珍贵的书，书名是《幽默的谜语》。有一阵子，俊宇沉迷于这本书，书中下列这类问答是俊宇最喜欢的部分。

“棒球选手怎么会失去家园呢？”

正确的答案是:“因为棒球选手会打全垒打（Home run）。”

这本有趣的小书曾经给俊宇和他的朋友带来了莫大的快乐。有句著名的犹太谚语说:“谜语和笑话是让脑筋变得灵活的磨刀石。”符合孩子水准的谜题不仅可以增加儿童的词汇量，还可以提高其思维能力。父母千万要牢记，与孩子交谈和玩耍，对提高孩子的好奇心和创造力具有决定性的作用。

08

持续不断地学习

前美国国务卿基辛格有段著名的逸事。基辛格是犹太人出身，他的父亲热爱阅读，因此他也经常模仿父亲的样子，渐渐养成爱读书的习惯。后来，他成为美国著名的外交家。

孩子若被剥夺自由和快乐，只专注于入学考试和成绩，只读教科书，一旦进入大学，就再也不想学习了。于是大学的招牌就成为一生的成就，进入企业或公司的同时，也从此离开学习之路。

不过，犹太人认为一个人从出生到死亡，学习是持续不断的，因此，在童年可以跑跑跳跳的时期，就要尽情玩耍。然后，不管多大年纪，学习都像空气或水一样，是伴随一辈子的事情。

美国作家诺曼·梅勒（Norman Mailer）以描写第二次世界大战经历的小说《裸者与死者》（Naked and the Dead）一书，开启了作家生涯，并且留下了由汤米·李·琼斯（Tommy Lee Jones）主演的电影《刽子手之歌》（The Executioner's Song）等经典作品。他在59年的人生中，留下了12部小说，创作成果丰硕。诺曼的最后一部作品《林中城堡》（Castle in the Forest）最受读者欢迎，他在完成这部作品的几个月后就撒手人寰。这位苦思着“人活于世上最大的理由究竟为何”、不断尝试自我开发的作家，也是犹太人。

我们通常认为，孩子一旦完成学业进入职场，父母的角色就告一段落了。但是犹太人认为，子女有子女该扮演的角色，父母也有父母该扮演的角色，而且终其一生皆是如此。所以，父母也必须以终生学习的态度来磨炼自己，不管多大年纪，都不要依赖孩子，应该一辈子扮演好父母的角色。

犹太谚语说:“没有贤人，但有聪明学习的人。”人自出生以来，一辈子都在学习中度过，如果停止学习，将会瞬间失去至今所学的所有东西。就算进了大学，花很多钱去海外进修外语，但是学过的东西很快就会忘得一干二净。有些人做了父母之后，便想通过孩子找回自己无法得到的东西，或是学生时代未能实现的梦想，这不就是执着于孩子课业表现的原因吗？

巷弄教学法

我们的孩子从老师那里学习各种知识，有数不清的数学课、英语课、钢琴课、自然科学课、烹饪课和足球课。即使不用上学的幼儿期，有时也会去社区文化中心上课。

我为了教俊宇如何骑自行车，回想起自己是跟谁学骑自行车的。那是我小学三年级的一个同班同学，他早就学会了骑自行车，据说是跟同一社区里大他四岁的哥哥学的。在他的建议下，我推着车爬上山坡，到了山顶后，就骑上车，然后轻轻踩一下脚踏板。由于是下坡路，不用一直踩脚踏板就可以前进，如此就可以领会到平衡的方法。学会了如何维持平衡后，就可以学会如何踩着脚踏板骑自行车了。

回想童年时期，我总是一放学就跑到小巷子里。当走在小巷里，经过巷口的第一个游乐场、第二个游乐场，还有第三栋房子的前面时，就会遇到许多附近的小朋友，我们总是会利用身边所有用得上的工具，创造出自己的美术教室或自然教室。在这些“巷弄教室”里，有一堆想买也买不到的东西，我们就像是捡破烂的人，乱七八糟的东西应有尽有，有一堆各种形状和大小的石头，运气好的话还可以捡到出故障的家庭用品来玩，借此发挥实验和探究的精神。

就这样，童年时期的小巷子让我们可以在大自然的怀抱里尽情玩耍，自己去体验在书本和教室里学不到的东西，然后逐渐成长。这条小巷弄充分扮演了学校的角色。对儿童而言，小巷弄真可以说是理想的教育环境。

犹太人强调来自于好奇心的学习，以及通过玩耍受到的教育，或许跟我童年时期在小巷子里学习的方法最为相似吧。

《塔木德》中有一句话:“我从老师那里学到了很多东西，但是这远不及我从同事那里学到的，而且跟我从门徒那里所得到的启迪也无法相比。”萧伯纳则说过:“有能力的人，就去做；没有能力的人，就去教。”意味着借助经验的教导与学习的重要性。

犹太人总是努力试图跟子女建立稳固的纽带关系，他们通过许多旅行积累经验，看着照片和家人一起进行回忆之旅，并且利用猜谜语和幽默的对话，跟孩子成为朋友。当一个孩子从小与父母拥有共同的甜蜜回忆，并且通过交谈分享经验，长大成人之后，遇到吃力的事情时，也会把父母当成真正的朋友。

有位作家曾经说过：“过去比现在好的理由，在于多了一件东西，那就是所谓的‘回忆’！”

PART

2

无愧于
自己人生的孩子

锡安主义的创始人西奥多·赫茨尔（Theodor Herzlz）的墓地位于以色列国家公墓山坡的顶点。在世界各地，有许多犹太人享有天文数字般数不尽的财富，或是积累了相当高的声誉。但是，在众多名利双收的犹太人中，唯有思想家赫茨尔的墓地被安置在以色列国家公墓的首要位置。因为他献身于国家和民族，倡导犹太人独立治国的思想获得认可。而承认其价值的以色列，也成为国民的爱国心及身份认同的根源。

09

从骨子里就是犹太人

我们全家曾受到犹太朋友蕾莫的邀请，去参加她第二个儿子的割礼。割礼是犹太人的传统习俗，指在男婴出生后第八天割去包皮，也是确认其犹太人身份的第一步。割礼不是由医生执行，而是由一位专司割礼的拉比来进行。割礼之后，则是以喂孩子葡萄酒取代吃药，来完成整个仪式。

在割礼仪式中，包括亲戚在内的朋友和熟人都齐聚一堂。首先在拉比的祝福声中开启割礼的序幕，然后，由父亲德隆表达祝福。德隆用颤抖的声音，大声朗诵出自己前一天晚上准备的厚厚一大沓讲稿。他一方面恭喜儿子的诞生，另一方面也不忘感激他的妻子，讲述家庭的意义。然后，德隆表示将以他最尊敬的祖父的名字作为儿子的中间名，接着开始谈到他祖父的生平。德隆的祖父是在第二次世界大战之后，由波兰移民到美国的，是个不会说英语、出生于东欧的犹太人，也是德国犹太人被大屠杀后的幸存者之一。他带着一家人住在美国曼哈顿的一家小商店的地下室，从千辛万苦地做小生意开始，后来成为成功的商人。但他从不疏于对子女的教育，他的儿子后来成了外科医生，孙子德隆则是一位整形外科医生。

德隆在这项家庭活动中谈到自己祖父的故事，感动到泪流满面。看着这个成年男子流泪的样子，我有点不知所措，然而，当我看到坐在旁边的雷尼，眼睛充满血丝，泪水盈眶时，才感受到我正置身于犹太人生活中！雷尼出生于俄罗斯，拥有得克萨斯州州立大学的数学博士学位，目前是美国一所大学数学系的教授。

当德隆回忆起包括自己祖父在内的家人对他的意义时，没有人显露出不耐烦的神情，而是对德隆流露的情感有所共鸣，这让我对犹太人留下了深刻印象。

我想起在韩国帮孩子办的百日宴或周岁宴，从未听人说过有关祖父母等祖先的事迹。以前我在帮俊宇准备周岁宴的时候，好像也只是烦恼要穿什么衣服才会拍出来好看的照片，还有回礼要准备什么才比较像样而已。我认为只要把亲戚都找来参加周岁宴，一起欢迎俊宇成为家族的一分子，就是最好的处理方式了。

但是，我今天看到犹太家庭是以一种截然不同的方式来欢迎一个孩子的加入，他们让子女及孙子女一起回想自己的祖父母，回顾家族的历史，共度宝贵的家庭时光。我身历其境之后，充分感觉到对犹太人来说，家庭、根源和身份认同感是多么有意义的事。我这种少有的情绪，夹杂着羞愧、嫉妒、遗憾和感动。

10

对犹太人的偏见

在真正认识一些犹太朋友之前，我对犹太人有些偏见，其中之一就是认为犹太人的团结是理所当然的。

但是，我后来才发觉，犹太人如此团结在一起的背景因素是多么复杂。过去数百年，犹太人分散在世界各地，因此，不仅彼此的外貌不同，也有着文化差异。

犹太人起源自两个主要族群，一是阿什肯纳兹犹太人（Ashkenazi Jews，指来自俄罗斯及欧洲的犹太人），一是塞法迪犹太人（Sephardic Jews，指来自西班牙、葡萄牙，北非、中东的犹太人）。他们在不同的国家和文化中成长，这样的差异跟韩国来自忠清道、全罗道、庆尚道、江原道、济州道等乡下地方的人们，聚集到首都圈时所感受到的疏离感有着天壤之别。

我对犹太人的另一个偏见，就是认为犹太人自信心的来源是他们自认为是上帝的子民。但是，我在接触过许多犹太人之后，才发觉这个想法并不正确。

我的犹太朋友迈哈尔在大学数学系担任助理教授，他曾说:“我的人生由我自己选择。我最相信和遵循的人也是我自己。”

迈哈尔是俄裔犹太人，他亲眼看见过经历犹太人大屠杀迫害的祖父母，以及受到俄罗斯政府迫害的父母这两代人所遭受的苦难。因此，在迈哈尔中学三年级移居到以色列后，他唯一相信的人只有自己。

事实上，许多犹太人并不相信上帝。曾获得诺贝尔和平奖，也是犹太人大屠杀幸存者的埃利·威塞尔（Eli Wiesel）在他取材于自身经历的著作《夜》中写道:“我把时间拆开成一小时一小时地活下来。连犹太拉比也出言咒骂。我听到他们说上帝不再与我们同在了。”

过去，虽然许多犹太人受到迫害，恳切地向上帝祈祷，但是上帝对于犹太人面对的不幸也无能为力。于是，经历了无尽痛苦之后的挫败和失落感，一些犹太人选择相信自己而非上帝。

如果犹太人不是全部信仰上帝，身为上帝子民不是他们自信心来源的话，那么犹太人所拥有的自信心又从何而来？究竟是什么力量，使得这群有着不同长相与背景，以及异质文化的犹太人，紧紧联系在一起？

11

不变的绝对价值

圣诞老人、驯鹿鲁道夫、五彩缤纷的圣诞装饰品等，是让大人和小孩都能感受到圣诞节气氛的象征。但是史蒂文·斯皮尔伯格家的房子并没有摆设圣诞节的装饰，因为他们家族以庆祝犹太人的光明节来取代圣诞节。犹太人教导小孩子不要相信圣诞老人，以点亮九根光明节蜡烛，取代圣诞节装饰品。

在接受媒体采访时，他曾说过："小时候因不能过圣诞节而感到遗憾。"

成为一家之主后，史蒂文·斯皮尔伯格同时庆祝圣诞节和光明节，因为他不想剥夺孩子欢度圣诞节的童心。

我周围的犹太朋友，大都以庆祝犹太人的光明节来取代圣诞节。不过，其中有些人也是同时以光明节的九根蜡烛和圣诞树来做装饰。也有一些犹太朋友严守教理，别说是圣诞节的装饰，甚至连圣诞节相关的电影都不给孩子看。

随着时代的变迁，犹太人的生活方式也有所改变。然而，在各式各样的家庭文化中，他们对身为犹太人最重要的事情，以及据此生活及教育孩子的部分却不曾改变，那就是不要忘记犹太人身份的明确认同感。因此，要不要摆设圣诞节装饰并不重要，教导孩子不要忘记自己是犹太人的身份认同感，才是犹太人的独特教育法中绝对不变的价值。

“身份认同感”一词在韩语词典里的定义是“觉察到自身不变存在的本质的心性”，英文意思是“与别人或其他群体进行区别，只有自我独具的特征”。总而言之，身份认同感就是不变的本质，而且可以区分他人与我不同的差异点。身份认同感坚定的人，是自我价值观和信念都很清楚的人；反之，身份认同感不坚定的人，则容易被不同价值观和信念影响及动摇。

我从犹太朋友身上了解到，明确的身份认同感不是一种与生俱来的特质，也不是自然而然产生的东西。特别是对于孩子，身份认同感是在父母和家族的帮助下产生和扎根而成的。帮助自己的孩子建立身份认同感，并且巩固其根基，不会四处游移，使他们能够自豪、自信地成长，正是犹太人的力量所在。

延续的传统和文化

某天，俊宇的犹太同学利亚德走近我，问我说：“你知道为什么吹角节（犹太新年的第一天）要吃像蜂蜜或苹果那样甜甜的东西吗？”

我用认真思考过的神情回答他说：“是不是意味着新年要有个甜美的开始？”

“不是，这是因为以色列就是一个如此甜美的国家。”他答道。

所谓的吹角节，就是犹太人的新年，在这一天，犹太人会吃各式各样的甜食。在美国出生长大的利亚德认为，以色列就像是奇幻电影《巧克力工厂》一般。我所遇到的大多数犹太朋友都相当热爱他们的祖国以色列，原因不仅在于以色列拥有地中海气候、丰富的食物、自由奔放的城市氛围，而且包括作为一个犹太人的自豪感，以及对国家本身的使命感。另外，无论在世界哪个角落，犹太传统与文化都一直被坚定不移地传承下去。

大多数犹太家庭，无论居住在哪里，都会庆祝犹太人的节日和举行相关纪念活动，包括出生满八天的割礼、成年礼，还有每星期五晚上的安息日、犹太新年、犹太教赎罪日、住棚节（赎罪日之后的感恩节）、逾越节（犹太人逃离埃及的纪念日）和光明节（公元2世纪耶路撒冷圣殿回归周年纪念日）等犹太人的大型节庆活动。

即使在美国，犹太人也通过每个星期五的安息日，学习犹太人的历史和传统。犹太教拉比在安息日的活动中，会依照孩子的年龄大小，播放适合的《塔木德》或《妥拉》中的故事给孩子听。安息日的领唱者也会唱诵关于犹太人历史和文化的歌曲，让孩子从小就从历史和传统活动中意识到自己是犹太人，从而有坚定的身份认同感。

大多数犹太人会把自己的孩子送到主日学校，不仅学习希伯来语，也借此学习犹太人的历史和传统。此外，我许多在美国长大的犹太朋友也会把孩子送去以色列的犹太夏令营。暑假期间，那里会有许多来自世界各地的犹太儿童，参加各种夏令营，活动十分热闹。这些同龄的犹太儿童虽然是从世界各地聚集在此，但都能认同彼此，并通过各种活动体验更加确认自己的身份。孩子借此以身为犹太人而骄傲，并且养成对民族的热爱。

当以色列和阿拉伯国家发生战争时，美国的主要国际机场充满了想要飞往以色列的年轻犹太人。虽然已经是美国公民，但是身为犹太民族的自豪感，吸引这些年轻的犹太人前往以色列。

我的犹太朋友亚龙和斯格列特的大女儿伊登，也是在美国高中一毕业，就放弃进入常青藤大学就读的机会，前往以色列服兵役。伊登是个在 5 岁的时候就可以拼出 100 片拼图的数学天才，在校成绩不是第一名就是第二名，当她做出这样的决定时，世界上有多少父母能够支持她？

然而，亚龙和斯格列特尊重女儿这个犹如冒险的决定，正是因为他们很强调教导孩子正确的历史观和民族自豪感。

我的另一位犹太朋友迈哈尔则把服兵役当成是他一生中最大的成就。据说有位以色列女歌手因为没有服兵役，被停止了所有的演唱活动。在以色列有一种说法，为了活得像个人，服兵役是不可或缺的，不论男女老少皆是如此。大多数犹太人都有服兵役的经验，并且将此视为最值得自傲的事。

即便是现在，犹太人也在不断搜集和研究自己的历史，根据时代的变化，弹性地重新解读。大多数犹太人认为，将错误的历史拨乱反正非常重要，如果任由错误的历史保留下去，历史将会重演。

以色列政府将过去曾经犯下罪行的人彻底加以审判，并且处以死刑，以纠正历史的错误。这么做是为了让后代可以更好地面对历史，学会明辨是非，在成长过程中明白“如果做坏事，就会受到可怕的审判”。

犹太父母也会让孩子去看在纳粹集中营中死亡的同胞的悲惨影像。在纳粹德国统治下遭到屠杀的犹太人约有600万，这些受难者，可以说或多或少和所有犹太人都有着父母、祖父母、亲戚、朋友或邻居的关系。犹太人教导孩子正确看待犹太人遭到迫害的历史，并且好好地面对历史。同时也让孩子认识到这段悲惨的历史不该重演，教导他们“过去可以原谅，但是永远不要忘记”！

正确认识历史所感受到的民族大爱，自然延续传统的自豪感，乃至于敬爱祖先的真情，都让犹太人以身为犹太人为傲。看到他们这种民族认同感，让小时候总是把韩国的显忠日、开天节、行宪纪念日搞混的我受益良多。此外，我之前在韩国东北亚历史基金会工作时，对于如何看待韩国和东北亚国家之间存在的历史纷争，曾觉得苦恼不已，因此，犹太人采取“过去可以原谅，但是永远不要忘记”的态度来教导后代的做法也让我深思。

12
像个犹太人，像个韩国人

“爸爸，我是韩国人还是美国人？我不是韩国人，也不是美国人吗？”正在美国念小学四年级的雅各这样问他的父亲。雅各的父亲是范德堡大学的博士生。

另一位波兰籍的留学生朋友则是带着刚上幼儿园、只有 4 岁大的女儿去看心理治疗师，因为她好像变成了哑巴，在幼儿园里完全不开口讲话，心理治疗师诊断后认为，她是患了身份认同混乱。

我到国外之后，经常听到周围的留学生提及自己孩子面临身份认同混乱的问题，而且不仅韩国留学生如此，包括法国、意大利和土耳其在内，带着子女来美国留学的留学生也有类似的情况。

我搬到加利福尼亚州后，意外发现一家韩国餐馆。这是一家小餐厅，由来自韩国的大婶与她的美国丈夫共同经营，餐厅的女主人很热情地招呼我，于是我们就闲聊了一阵。她跟我说：“我不会教女儿说韩语！为什么平白无故让孩子产生混乱？”同时不断奉劝我既然来到美国，就要好好跟外国人相处。其实当时我身边的大多数朋友都是外国人，正担心没有什么韩国朋友，但是我什么话都没有说。我只是做了一个不同的决定，采取不同的子女养育计划。

我在抵达美国后没多久，就决定把俊宇送到犹太幼儿园。因为犹太人虽然散居世界各地，却形成了少数宗教团体。因此我希望了解犹太人在流离失所的历史中，如何就身份认同这件事找到了明确的答案，并且加以坚守。而我的期望没有落空。

我的一个犹太朋友欧丽有3个儿子，分别就读于小学和高中。她为了这些上美国公立学校的孩子，每年到了重要的犹太节日，都会特别拜托老师给她一点时间，向班上的孩子介绍一下犹太文化。虽然欧丽的英语并不流利，但是她会借此机会向同学简单介绍犹太人的历史和文化，并提供一些犹太传统零食和玩具跟同学分享。

欧丽最小的儿子尤发是俊宇的同班同学，由于她教导儿子要成为正直的犹太人，因此尤发也以身为犹太人为傲。班上的同学也因为尤发是犹太人，很自然地接受了犹太人的一切。我的犹太人朋友说:“如果你为自己的身份感到羞愧，那么就算你很有钱或者成就非凡，又有什么用？”

俊宇开始上学之后，我也在学校当义工，帮老师教导孩子。那个时候，我教俊宇的同班同学如何用韩语来数数字。起初，这25个孩子有些生疏，只能跟着念“一、二、三……一、二、三……”，如今，他们已经可以从一数到十了。就像欧丽希望尤发以身为犹太人为荣，我也希望通过这样的努力，能够帮助俊宇认同自己是个堂堂正正的韩国人。

如果父母不确立自己的价值观，就无法好好培养孩子的价值观。犹太人的身份认同感十分坚定，即便在亡国的情况下，仍然维持了2000年的民族独特性。这种坚定不移的认同感，成为犹太人价值观的根源，而这种颠扑不破的价值观即是犹太人自信心的来源。一个具有强烈自信和自尊的人，即使面对大风大浪，也能够坚强地存活下来，而且这种自信不同于自命不凡。假使我们否认自己的根源，对自己的身份缺乏坚定的认同感，就算一时走运获得成功，最后一切也将成为过眼云烟。

一棵没有根的树，即使开了再美丽的花朵，又有何用？起初，我觉得身份认同感是一个很复杂的名词，但是通过犹太朋友，我了解到身份认同感其实再简单明确不过。对于犹太人来说，身份认同感深植于心，任何狂风都不足以撼动一丝一毫。

13
正直与无愧的价值

历经 250 年的漫长岁月，已经传承至第七代，产生了众多富豪的罗斯柴尔德家族，也是犹太人。梅耶·罗斯柴尔德更是建立了 18 世纪以来最著名的罗斯柴尔德金融帝国。他的第一份工作是担任地区领导人——犹太教拉比朱比安·哈许的助理。但是在他结婚之后，他就离开了哈许，并且开了自己的商店。虽然只是做小买卖，但是生意相当兴隆。

某一年逾越节前一天，哈许家族的人急着到处寻找酵母（一种发酵物，犹太人在逾越节禁食含酵母的食物）。在此之前，哈许努力存了 500 枚金币（ducat，欧洲从中世纪到

20 世纪流通使用的货币)，这在当时是一笔非常大的金额，是他为女儿的嫁妆辛苦存下来的钱。他将这笔钱藏在家中一个密室里，虽然他平常不会打开密室来看，但是每年逾越节的晚餐前，都会打开密室来确认。不过，令人惊讶的是，这一次，他藏在密室箱子里的钱居然不见了。

刚好在这段时间，罗斯柴尔德家族的事业开始兴旺起来，于是所有的疑虑都集中在罗斯柴尔德家族的人身上。哈许家族开始怀疑罗斯柴尔德家族的人，并且催促哈许采取行动。起初，哈许对家族成员的意见听而不闻，但是由于怨言越来越多，哈许决定亲自去跟罗斯柴尔德碰面。

哈许怀着沉重的心情去拜访罗斯柴尔德，并且坦白说明了他的家人对罗斯柴尔德的怀疑。令人惊讶的是，一听完哈许所说的话，罗斯柴尔德就承认自己有责任，同时将自己仅有的 200 枚金币，全都交给哈许，并且说将会尽快偿还余款，让哈许安心回去。

事实上，在罗斯柴尔德离开哈许自立门户那年的逾越节的前几天，哈许家族雇用了一名清洁妇来清扫房子。因为逾越节前夕家庭所有成员都忙作一团，所以专门找人来帮忙打扫。结果，清洁妇在拉比的房间里发现了那个密室箱子，而且还幸运地找到了钥匙。她看到箱子里的金币后，无法抗拒诱惑，于是取出钱，拿回家交给自己的丈夫。夫妇二人默不吭声地等待了一段时间，并没有马上动用这笔钱。然而，当这对夫妇开始花这笔钱之后，身边的朋友对于他们突然过起奢侈的生活感到十分怀疑。

有一天，丈夫在一家小酒馆喝醉了，向他的朋友提起自己妻子所做的事，甚至连钱藏在哪里都泄露了出去。于是这个丈夫的朋友立即到警察局报案。警方调查过后，跟哈许说明了事情的原委，于是哈许带着复杂的心情回到家里。

一方面为得知罗斯柴尔德是一个正直的人而感到欢喜，另一方面也为自己未能相信罗斯柴尔德而感到痛苦。哈许立刻去拜访罗斯柴尔德，并且问他为什么要背黑锅，完全不加辩解。罗斯柴尔德回答道："我能够感觉到您当时有多么心碎。而且我也知道，如果您在找过我之后空手回去，您的家人将会感到更加痛苦，所以我告诉您钱是我偷的，并且把我所有的财产都给了您。因为我自认为问心无愧，并相信很快就会真相大白。"

哈许得到罗斯柴尔德的回答十分感动，立刻请求罗斯柴尔德的原谅，并把之前收的钱还给了他。同时，真诚地祝福罗斯柴尔德家族能够长久繁荣。

或许是一个巧合，这个祝福很快就成真了。梅耶·罗斯柴尔德和他的五个儿子建立起了史上最著名的金融帝国。

任何人遭受朋友和周遭人的荒谬指控都会难以忍受，但罗斯柴尔德却能忍受他人的严苛批评和自尊心受损的伤害。罗斯柴尔德因为正直而能够自持地等待真相大白，最后更能彰显自己的价值，这种忍耐力也提升了他的人格价值。

14
勇于诚实

在美国社会中，想要跻身领导圈子，最重要的不是拥有众多的钱财或是聪明的头脑，而是具备社交能力。事实上，美国许多家长都试图从小培养孩子的社交能力。

犹太人似乎相当清楚这一点。他们具有机智的幽默，又充满自信，展现出绝佳的社交能力。尤其是犹太人的自信，更成为他们建立人际关系的利器。我很想知道犹太人的自信究竟从何而来。通过周围的犹太朋友，我渐渐了解到，犹太人的自信心其实来自于最简单的一点，就是坦率、不加矫饰的正直。犹太人的正直是在家中从父母身上学习来，然后运用在生活中的。

这是俊宇刚到美国公立幼儿园就读时发生的事。有一天俊宇从幼儿园回来后，显得有些焦躁不安。虽然我很担心他，不知道究竟发生了什么事，但是当天刚好招待客人来家里用晚餐，所以没时间好好问他。

晚餐后，在上床睡觉前，俊宇把我拉进浴室，说有个秘密，只能讲给我听，然后鼓起勇气跟我说了今天在学校发生的事。

俊宇幼儿园的老师曾经叮咛过孩子们，堆放在教室两侧的书籍要妥善保管好，不可以搞丢。因为其中一本书里有俊宇最喜欢的火车图片，所以今天他就把这本书拿出来看。虽然俊宇很快把书本放回原位，但是后来又有几个同学也把那本书拿出来看，结果最后那本书不见了。于是老师询问是否有人碰过那本书，俊宇却提不起勇气承认。

听俊宇说完事情始末后，我不觉松了一口气。我认为对于当时只有几岁大的俊宇，这可能是他第一次面对与诚实的战争，也可能是他形成人格和习惯的重要时刻。

心理学家威廉·詹姆斯（William James）曾说过："行为养成习惯，习惯改变性格，性格决定命运。"我建议俊宇隔天如实告诉老师今天发生的事，并且请求原谅。

但是担心会被老师骂的俊宇，听了我的建议后暴跳如雷，并且哭了起来，然后请求我帮忙去跟老师说。我花了很久时间才说服俊宇。

第二天早上，我带着俊宇提早到校，当时教室里只有老师独自一人在备课。于是我告诉老师，俊宇有话要对她说，然后给了俊宇足够的时间，让他把事情原委告诉老师，并且请求老师原谅。起初，俊宇犹豫了一下，然后慢慢解释昨天发生了什么事。他说话的声音，也从一开始像蚊子一般小声，到后来越来越大声，也越说越清楚。

老师告诉俊宇，他担心的那本书已经找到了，而且她毫不吝惜地赞美俊宇能够鼓起勇气说实话，真是十分难能可贵。虽然不过几分钟的时间，但是俊宇的表情显得轻松多了。那天，俊宇比以前更开心地度过了他的学校生活。

有时候，我们需要很大的勇气才能说出实话。但是，鼓起勇气说实话，往往会让我们获得自信这份大礼。

15

犹太人从小就教导孩子诚实的重要性

以下是关于犹太人诚实过日子的著名寓言。

有一位拉比是个樵夫，生活得很辛苦。他想要尽可能减少搬运木头的时间，以便多花点时间研究《塔木德》。于是他在集市买了一头驴子，然后他的门徒将这头驴子带去溪边洗干净，结果发现驴子的脖子上挂着钻石。门徒很高兴，都说拉比可以就此摆脱贫穷的樵夫身份，有更多的时间研读经书与教导门徒了。但是拉比很快回到城里，并且命令门徒将钻石交还给商人。门徒于是问道："这不是从老师您买的驴子身上取得的钻石吗？"

拉比回答说："我虽然买了一头驴子，但是并没有买钻石。我只拿我买的东西，这才是正确的，不是吗？"然后把钻石还给了商人。商人则说："你买了这头驴子，既然钻石是挂在驴子身上的，你为什么还要给我呢？"拉比说："按照犹太人的传统，我们不应该拿我们没有买的任何东西，所以我才会将钻石还给你。"

——选自《驴子和钻石》

我的犹太朋友无论何时何地都自信满满，这种自信是社交能力的最佳武器，有助于建立良好的人脉，而社交能力和良好的人际关系会带来良好的工作机会和成功的人生。犹太人充满自信的生活态度也使他们周围的人都感到幸福，而且充满了正能量。这种自信的来源莫过于正直，因此我确信，通过犹太朋友，将获得更有价值的东西。一个人即便只是撒个小谎，或是有所隐瞒，都无法理直气壮。而且多少都会因此焦虑而有压力，在表情和说话的口吻上，也无法完全隐藏，进而降低社交能力。

事实上，在韩国社会中，诚实的人吃亏的情况很多；懂得察言观色，适时编造故事的人，反倒可以躲避危机，并且把握住意想不到的幸运机会。

我曾经也认为正直无法获得相应的回馈。如果有稍微说谎的时候，也会拿这是善意的谎言来当借口，认为适度地包装及隐藏，可以让自己获得利益。另外，我也会埋怨，自己置身于一个即便自以为正直而坦诚说出真相，也不会有任何人理解的社会。

但是，我从犹太朋友身上意识到这是一种错误的想法，犹太父母绝对不会容忍孩子有不诚实和不正当的行为。

在幼儿期，学会克服恐惧并拿出勇气，以及自行负责、毅然决然接受考验，是非常重要的事。如此一来，孩子才能学会如何经营自己的人生，并且激发出更上一层楼的能力。勇于说真话并且具备反省的能力，将成为我们得以充满自信且自在度过人生的力量。

PART

3

享受交谈与演讲、辩论的犹太人

CNN（美国有线电视新闻网）的王牌脱口秀主持人，被称为“脱口秀之王”的拉里·金（Larry King），也是一位犹太人。他认为与人交谈的技巧，就是用真诚的态度打开对方的心扉，并把如何成为善于言辞的人的关键，归纳为所谓的“K-SS（Keep It Simple，Stupid）原则”（简单来说，就是让每个人都听得懂）。而最重要的，则是成为一个伟大的倾听者。他认为好好听别人说故事十分重要。

犹太父母每天晚上都会邀请全家进行讨论，就像韩国时事节目《一百分钟讨论》那样。他们风趣的口才使得整个家庭融入一个热烈讨论的世界，造就出拉里·金这位付再多薪水也不足惜的优秀的脱口秀主持人。这就是教导孩子“即便是空的板车也要发出声响才比较好”的犹太父母。犹太人对一般人视而不见的东西，往往会问：“为什么？如果呢？”并且在各处找寻机会。犹太父母不断对孩子提问，并引导孩子思考问题，教导他们理性地表达自己的想法。这样长大的犹太人，将成为见多识广的最佳辩士。

16

不说话的孩子无法学习

俊宇曾经是个相当沉默寡言的孩子，可能是受到我们从韩国移居美国、对环境感到陌生的影响。俊宇的幼儿园老师为了让俊宇有更多机会表现与说话，可以说是费尽了心思，同时也跟我强调，我应该从旁帮助俊宇成为一个可以主动说出自己想法的孩子。有一天，当我带俊宇去学校时，老师对我说:“俊宇在学校里都没有说什么话。回家以后，请跟他多多交谈，让他多说一些话。”

“如果没有话要说，还要说一些毫无意义的话吗？多说话有那么重要吗？”做家务很累，送小孩去幼儿园也要花费很多精力，如果还要再花时间跟孩子多交谈，真是非常吃力，我不禁哀号起来。“韩国有句俗话说：‘空的板车声音大。’等以后俊宇产生自信的时候，就会比较能够表达自己的感受了！”

听到我的回答后，老师立即抓住我的双手说：“如果一辆空板车默不作声，就没有人知道这辆板车是否在那里，就会成为没有存在感、遭到遗弃的板车。但是如果空的板车也能发出声音，至少可以确认板车的存在。从这个声音开始，我们就可以知道这个板车需要什么，以及能做什么，板车也能受到关注。这个受到关注的板车可以用来载送货物，也可以供需要的人使用。”

犹太人有句谚语说：“沉默的孩子无法学习。”光看我周围的犹太妈妈，就可以发现她们有相当卓越的语言天赋。这与犹太教育可以说有着密不可分的关系，因为犹太教育非常强调对话、提问、演讲、辩论，他们甚至连处罚都是采取言语斥责的方式。

有位犹太妈妈曾经告诉我说：“言语的力量胜于刀枪。”虽然提倡“沉默是金”的东方文化可能无法理解，但是她认为人类最强大的武器，就是用嘴巴来自由表达自己的想法。她强调说：“犹太人看了知名政治人物的电视辩论后，通常会认为自己也能够成为政治家，因为他们确信自己能够讲得比任何高人气的辩论者还要好。”

犹太人在孩子还不会写字的幼儿期，就会教导孩子清楚表达自己的主张。我为了安排俊宇去念犹太人幼儿园，曾经先去参观，当时对幼儿园里嘈杂不堪的情形感到十分惊讶。然而，重点不是环境嘈杂，而是孩子在不断说出和表达意见的同时，也训练了说话的逻辑。犹太人相信一个沉默不语的孩子很难培养出逻辑能力。

俊宇的柔道补习班老师也是犹太人，他跟其他人的不同之处在于不仅教授柔道，通常还会在上课过程中跟学生聊天，并分享日常生活的点滴。有一天，他上完课后，对孩子们说:“无时无刻将自己想成是攻击者！一旦你选择防守，就没有机会赢。”

犹太人不论是人文学者还是律师，乃至科学家、文娱工作者和运动员，都像政治人物一样能言善道，而且具有哲学家般的思想。

如果说犹太教育的起始和结束是提问、对话和讨论，那一点也不为过。犹太人的生活中，就是有这么多的时间花在与周围人的交谈上。在每个星期五的安息日活动中，拉比会说故事给孩子们听。孩子们听完之后，可以表达自己的想法，并提出问题。在学校教室里，学生和老师之间也会就各种问题来回讨论，就连用餐时间、点心时间和休息时间，也都不停地对话和讨论。通过这种文化，犹太儿童从小开始，就自然学习到了这种在嘈杂环境中运用逻辑思维和演讲、辩论的方法。

有时候，其他父母会告诉孩子：“安静点！”然而，对于犹太人来说，要求孩子闭上嘴，就像是残酷地对孩子说：“你什么都不要学！”

17

懂得提问的孩子

有一天，老师在课堂上出了一道超出进度的作业。俊宇和他的同班同学都因为功课太难不会写，所以请求父母帮忙。另一位犹太同学却一看到习题，就跑去找老师，告诉老师这些习题很难，已经超出了进度，并告诉老师，虽然也可以请教父母来寻求答案，但这就不是他们自己做的作业，也没有意义。所以，请老师给他换道新的作业。

犹太数学教授迈克尔告诉我，在以色列教书的时候比在美国还要紧张好几倍。虽然我认为，美国的自由学风和以色列应该没什么不同，但是据他说其实差异颇大。有别于上课氛围很安静的美国大学，以色列大学的学生总是会提出许多问题。

犹太人精英教育的核心似乎就是培养提问能力。犹太人的提问，并不局限于测试知识或是既有的脉络，而是不断找出可以扩大思考范围和突破框架的问题。人类不可能知道一切，即便是天才也不例外，所以犹太人不停地问问题。每当犹太人觉得听不懂或感到模糊不清时，不会错过提问的机会任由它去，而是会通过问清楚来积累自己的知识。

另外一位数学教授杰米告诉我说："比无知更愚蠢的，就是傲慢的学习态度和毫无根据的确信。"

犹太谚语说："你很聪明，很聪明，很聪明。但是并不会变得更聪明。"有时候，我们会误以为自己聪明绝顶，后来才发觉比我们聪明的大有人在，而且人外有人。因此，**犹太人教导孩子：与其轻易相信，不如提出问题。**

事实上，当我们试着提出问题和回答时，会发现大部分时候，回答的人比提问的人更重要。因为大多数孩子经常会提出令人意想不到的问题，大人被问到自己无法想象的问题时，有时候会对孩子说出："你怎么会问这么荒谬的问题？"这种回答最差。一旦孩子的问题被忽视，他们的想象力和好奇心就会止步，信心也会大受打击。特别是年幼的孩子经常会提出许多抽象的问题，"妈妈，彩虹从哪里来？为什么云朵在天空？”诸如此类的问题，真的都很难回答……

当犹太父母觉得难以回答时，通常会反问孩子：“那你怎么想呢？”父母的反问可以让孩子将问题想得更为深入，也可能成为另一个正确答案的指南针。

我从犹太妈妈身上学到的一个很好的犹太式问题就是：“为什么？要是……会怎样？”我的一位犹太朋友曾说过：“犹太人认为世界上发生的一切事情都是有原因的。所以我试图从包括《妥拉》和《塔木德》的世界万象中，找出为什么会是这样的原因。”

不停留在原地，而是思考“要是……的话，会怎样”“如果是我的话，该怎么做”，这就是犹太式的提问方法。

犹太父母总是会问孩子：“你问了什么问题？”而不是：“你今天学到了什么？”没有问题也要想出问题来问，正是犹太式的提问教育。

如今，对俊宇和我而言，世界上所有的东西，包括书本、电视、电影、新闻报道、学校的事情，甚至路人说的故事等，都可以成为我们互相询问和探寻答案的题材。例如，我们会问：“为什么会发生这种事？如果主角做了另一个选择，会变成怎样？”诸如此类的问题。

18

在世界各地寻找机会的犹太人

被美国犹太妈妈视为高富帅的约书亚·库什纳（Joshua Kushner），是美国总统特朗普的女婿贾里德·库什纳（Jared Kushner）的弟弟，也是超模卡莉·克劳斯（Karlie Kloss）的男友，他因此声名大噪。他在哈佛大学求学期间创办了 Vostu 公司，目前 Vostu 拥有 600 多名员工，是拉丁美洲最大的社交网络公司。约书亚在哈佛大学取得 MBA 学位，目前活跃于金融圈。他出生于 1985 年，年纪不过 30 出头，被称为“拥有一切”的男人。他年纪轻轻就拥有一切的缘由是什么？

约书亚在某次接受媒体采访时曾经这么说：“只要你好

好观察和了解周遭情况的变化与动向，就会发现机会无所不在。”

约书亚从观察和了解周围的一切事物开始，找到了机会。他甚至说机会就在我们身边，俯拾皆是。为什么我眼中看不见的东西，在他眼中却清晰可见呢？

这都得益于犹太人总是在我们习惯的日常生活中，提出“为什么”的疑问；在既定的框架中，思考“要是……会怎样”的提问方法。犹太人家庭“为什么”和“要是……会怎样”的创意性提问，培养了他可以从世界万物中创造机会的眼光和能力。

俊宇在小学二年级时开始学习打篮球。有一天，我去他们的篮球比赛现场担任啦啦队成员，看到俊宇没拿到一次球的那种落寞的神情，身为母亲真是百感交集。为了培养俊宇的信心，我后来在上学途中跟俊宇说了下面这段话来说明自信的来源。

“妈妈读了一个心理学家的研究，说人生中最重要、最强大的武器就是‘自信’。但是能给人自信的正是自己。”还引用了心理学家安娜·弗洛伊德的名言：“虽然我总是试图去寻找勇气和信心，但它们一直都在我身上。”

为了让俊宇找到自信，我连续好几天说了各式各样的故事，俊宇听过之后说出了下面这段让我感到惊讶的话：

“妈妈，这个世界上没有人可以说出100%正确的答案。不管是多么伟大的研究成果，甚至是神也是如此。妈妈你怎么会毫不犹豫地相信研究人员的话呢？当我有什么事情做得不错的时候，来自老师的赞美，或是朋友的鼓励，也可以让我产生自信呀！”

《塔木德》里有句话是这么说的：“轻易接受教导的人，将会被权力和自己所腐蚀。”这一天，我从俊宇那里获得了相当大的智慧，不被圈定在框架内，自由自在地扩大思考范围是很重要的。对于周围平凡无奇的事情不要只是轻易略过，尝试带着“为什么会是这样”的好奇心，将会让我们的思维有所成长。

犹太人连记载他们历史和上帝话语的《妥拉》都不会盲目相信。他们不断针对《妥拉》的内容重新解释、讨论、演讲、辩论，因而诞生了《塔木德》这本被称为“犹太历史的智慧合辑”的书籍。即便如此，《塔木德》的内容至今仍被不断加以研究和重新诠释，未来也将会持续下去。

很多人把问题当成是对别人的提问，但是世界上提问的方法有千百种。

“我做得好吗？我现在正在做的事情适合我吗？”这种

自我提问将成为实现自我梦想、使自我成长的基础。

问别人“你怎么想”是一种思考“我”和“你”的问题，同时可以提升我们创造性的想象力和逻辑思维能力。此外，我们还要学习与他人沟通的方法。“我要怎样做才能让这个世界变得更美好？”诸如此类打破世界既定框架和挑战权威的问题，将成为改变世界或让世界发展进步的种子。

19

对话与演讲、辩论的力量

犹太人强调对话和演讲、辩论。他们认为，世界上大多数问题都是人与人之间产生的，而所有人与人之间的问题，都可以通过对话来解决。

摩西和法老之间有段著名的故事：摩西意识到对话的重要性，因此亲自在当时埃及拥有最高权威的法老面前，展示了对话的力量。“让我的子民自由，如果你拒绝的话，我将会让你的土地溢满蝗虫。这些蝗虫将会吞噬冰雹后残留的一切，它们会吃光所有剩下的树木。”

关于这段故事，美国纽约的耶什华大学（Yeshiva University）校长布罗迪（Brody）拉比说：“没有伟大的对话，伟大的事迹就无法成就。”

摩西上述的内容，带给我们相当大的启示，那就是任何坚固的东西都可以被消融，再高的权威都可以被超越。

著名犹太哲学家艾耶尔（A . J . Ayer）和世界拳王泰森（Mike Tyson）之间发生过一件事，曾经刊登在犹太报纸上。某天，艾耶尔在美国纽约参加一个派对时，听到一个女人的尖叫声。他鼓起勇气循着声音走过去，发现加害人不是别人，正是世界拳王泰森。这位犹太哲学家毫不犹豫地斥责泰森。情绪大受影响的泰森威胁艾耶尔说：“你知道我是谁吗，敢在这里大呼小叫？”艾耶尔在这个紧张的时刻，还是跟泰森展开对话。

“你在你的领域是头号人物，我在我的领域也是佼佼者，让我们两个精英之间，理性地谈谈吧！”

于是拳王泰森和哲学家艾耶尔之间的一席对谈，成为阻止性骚扰的对话。通过对话说服世界拳王的艾耶尔，当时已经 77 岁了。这件事充分证明了犹太人无惧于辩论，善于通过对话解决问题。

不论是什么对象，也不论是什么主题，犹太人对话和演讲、辩论的技巧是从他们的成长背景和生活中自然学习来的。事实上，我所看到的周围的犹太父母，都在努力创造一个不断对话和辩论的家庭氛围。犹太儿童从小开始就能清楚地表达自己的观点，并且受到尊重，长大后便成为说话合乎逻辑的人。

“爸！妈！桑德斯是谁？这位大叔太会说话了，很多人听完都很吃惊呢！”俊宇看了2016年美国总统候选人伯尼·桑德斯（Bernie Sanders）和希拉里·克林顿的电视辩论之后如是说。桑德斯通过辩论毫不保留地展现了真正的辩士风范。当我看到桑德斯说基辛格是最邪恶的外交官，并向华尔街提出直言不讳的谏言时，实在无法掩饰自己的惊讶。而桑德斯正是一个犹太人。

犹太人不仅在美国政治圈和法律界呼风唤雨，在媒体界也发挥着巨大的影响力。《纽约时报》《华盛顿邮报》《华尔街日报》《新闻周刊》等主要报社，都由犹太人创办，且属于犹太人。另外包括CBS（哥伦比亚广播公司）、CNN和ABC（美国广播公司）在内的主要广播公司，也是由犹太人创办的。

这也印证了同样是从小就大量阅读积累知识，为什么唯独犹太人展现出强于演讲、辩论的特点。犹太人不论在学校或犹太的主日学校，都活用海沃塔教育法。这是一种犹太式的学习方法，主要由两个人配对一起研读《塔木德》

或《妥拉》，并且相互讨论。海沃塔教育法的核心，不光是研读经典的内容，还要提出问题，并且尝试从不同的角度思考。通过提问，即便记载上帝所言的《妥拉》都可以有不同的诠释，学者们也可以为过往的学术研究成果提供新的诠释。

这种海沃塔教育法不仅运用于犹太教堂和犹太学校，也引起美国教育家比尔·史慕斯（Bill Sumus）的兴趣，将其运用于美国公立教育。此外，布兰迪斯大学（Brandeis University）的奥里特·肯特（Orit Kent）博士也在他的论文《海沃塔教育理论》中，将海沃塔教育法视为一种教学工具进行研究。

《塔木德》里有句话说：“若非以海沃塔教育法交到的朋友，不如求死。”因为犹太人认为人生旅程中的朋友、恋人、配偶、子女和孩子等，都需要成双成对，这些伙伴的角色都是非常重要的，通过与这些伙伴的辩论来学习，也是最有效的。对孩子来说，他们运用海沃塔教育法的伙伴，就是父母。因此，对于开始学习辩论的孩子，父母就是最重要的典范。

20
倾听的爷爷、说话的孩子

俊宇幼儿园的朋友杰克邀请我们每周五一起去参加犹太安息日的晚宴。杰克的爸爸会以亲吻孩子的额头来开启安息日的序幕，接着祝祷家人的健康和孩子愉快的学校生活，同时唱一首传统的犹太歌曲，并且开始为被称为“圣洁之杯”的祝圣葡萄酒祈祷。在这些流程都结束后，就会端上洁食（符合犹太教规范的洁净食物），然后开启一场对话的飨宴。

当时正是美国总统大选之前，因此大家针对总统候选人展开了激烈的辩论。杰克的祖父和祖母分别支持不同的候选人，杰克的父母也加入讨论，炒热了这场辩论的气氛。

一如预期，犹太人不论是谁都像政论家一样口才了得。这场在用餐时间进行的激烈辩论，让人感觉好像在参加韩国时事节目《一百分钟讨论》似的。

正当我为犹太人的逻辑能力，以及他们父母与子女之间毫不妥协的辩论文化感到吃惊之际，跟俊宇同龄、只有5岁的杰克突然插进大人激烈的辩论，说道："我无法理解爷爷和奶奶在争辩什么。我在幼儿园里学到，每个人都有选举权，所以必须尊重对方。爷爷、奶奶，你们幼儿园的老师没教你们吗？"

当一个5岁的孩子介入成年人有关政治的敏感话题时，通常会被骂作没大没小。但是杰克的家人比以往任何时候都更高兴，大加赞扬他可以将自己的意见表达得如此有条不紊。

犹太人谚语里有一句话："一个人即使积累了大量知识，还是有一些东西要向小孩学习。"犹太父母，甚至90高龄的祖父，都会倾听孩子的意见，并且向他们学习。他们教导孩子："不要害怕表达你的想法，有话直说。"并且教导他们任何人都有说话的权利，而且有权在家里行使这个权利。

犹太父母教导孩子在对话和讨论时，不要一味否定或批评，要先掌握对方想要表达的重点，然后再判断其说话内容是否恰当。犹太人针对万事万物都会找出可能的错误，并且采取批判性的思考。

由于犹太人强调确切真实地表达自我的主张，因此他们绝不容许忽视别人的行为。犹太父母教导孩子尊重与自己争辩的对手，尤其是对老师和成年人的尊重，比韩国要求得还要严格。然而，在讨论和争辩中，犹太父母并不会教导孩子因为必须尊重成年人，所以要忍耐，不要说出自己的意见。他们认为不管讨论的对象是谁，就算是面对位高权重的人，也要理直气壮地表达自己的想法。

我在这个场合偶遇过一位犹太史研究教授利伯曼（Lieberman），他是这么说的："我很欢迎学生批评我的意见或理论。没有一个人的思想是完美无缺的，我的理论可以通过批评和建议而更完善。而且，如果出现了比我更优秀的晚辈，那将是我生命中最大的喜悦。"

在犹太人家里，都会有一位著名的"脱口秀主持人"，有时候是爸爸，有时候是妈妈，有时候是叔叔，这个人会明智地引导出激烈的辩论。

我有一位在纽约从事律师工作的犹太朋友说:“父母留给我的遗产中，我最喜欢的就是他们教我吵架不要输给别人！”犹太人卓越的演讲、辩论技巧和判断力，可以说是从父母和他们的生活方式中代代相传而来的。

21

说故事的想象力：亚龙的希伯来文数码学

什么是激发人心最强大的力量？答案就是说故事。这种将想让对方知道的事情，以一种生动有趣的方式来说服和表达的行为，近来颇受瞩目。说故事不仅在教育学领域被视为替代方案，被运用于受到条条框框制约的教育环境，也被活用在商业、数学、经济学和艺术等各个领域。经济学家保罗·杰克（Paul Jack）曾说："说故事能增加催产素的分泌，催产素是促进女性分娩的激素。催产素分泌越多，信任感和爱意就越高。"而且，这一理论已经得到了实验的证实。

说故事具有超越单纯信息传递的力量。TOMS（阿根廷的鞋类品牌）凭借每卖出一双鞋，就捐出一双鞋给阿根廷贫困儿童的“1+1活动”，立足于全球市场。TOMS的这个活动不仅积累了消费者对企业的道德信赖，同时也成为最佳行销手法的代表性案例。

我的犹太朋友亚龙被誉为“记忆天才”，他在求学期间参加了以色列精英计划，之后取得美国普林斯顿大学的经济学博士学位，目前担任克莱蒙特-麦肯纳学院（Claremont McKenna College）的经济学教授。他在背诵或记忆的时候，主要是使用犹太人的影像记忆法，也就是希伯来文的数码学——Gimatria。事实上，犹太记忆大师伊兰·卡茨（Eran Katz）可以只听一次500位数的数字，就正确地背诵出来，是吉尼斯世界纪录的“记忆王”保持者，他也曾经介绍过希伯来文的数码学。这是将必须默记的数字或单字，编成故事来记忆的一种方法，主要是将每个数字都赋予一个象征性的图像，然后将想要背的单字与象征物联结起来。

爱因斯坦说:“想象力比知识更为重要。”父母给孩子说故事时，要跟孩子分享自己对故事的感受，并且激发孩子的创造力，让孩子感受到想象力在脑海中成形。

千万不要用“新生儿哪会懂什么”的心态来跟孩子说话，即使是背着孩子打电话或是看电视。我的犹太朋友蕾莫从她家老二出生的那一刻起，就不断叽叽喳喳地跟儿子说话。当这个只有两三个月大的新生儿想要再吃，或是想要什么东西的时候，她就重复一个特定的手势来教他，并且锲而不舍地教只会眨眼的小宝宝说“爸爸、妈妈”这两个词语。当时我认为她只是在做个人秀，但是，从某一天开始，我惊讶地发现，这个孩子已经可以粗略地做出“想要更多”的手势，还会说出发音虽然不清楚但听得出来是“爸爸、妈妈”的声音。

犹太人认为，说故事自然存在于日常生活的每个角落。犹太人从父母和祖父母身上学习到的在家中对话的文化，超越了房子里、桌子旁、沙发上、上学途中、车子里等的时空限制，流传了下来。通过在犹太学校的提问和讨论，在犹太教会听拉比说故事，在每周五安息日晚餐时间与家人分享彼此的故事，年轻的一代了解了父母的喜怒哀乐，也借此明白了世界的万事万物。孩子从在家分享彼此的故事中，也很自然地学习到了父母的生活方式。

22

犹太人成功的力量——安息日

“宝贝，宝宝宝贝，宝宝宝宝宝贝——Shabbat Shalom hey！”

这是犹太人在安息日唱诵的一首歌。俊宇很喜欢这首每周五安息日在幼儿园都会唱、名为《宝贝》的歌。犹太民族一直遵循安息日的习俗，这个基于《圣经》的习俗已经融入犹太民族的社会和家庭中，而在犹太学校（包括幼儿园在内）的安息日活动中，也不会略过说故事这个环节。拉比会说故事给孩子们听，孩子们则从故事中获得启发。

安息日在每周五日落后，天空出现第一颗星星的时候揭开序幕。犹太人被称为“流浪的民族”，散居在世界各地，所以安息日开始的时间也各不相同。犹太男人会在安息日去犹太教会，女人则在家里准备洁食。洁食是指符合犹太教教规的洁净饮食，是根据《旧约圣经》制作的一种食物的统称。除了犹太洁食外，在安息日还会准备葡萄酒和辫子面包。不论是居住在以色列还是美国，凡是遵循安息日习俗的犹太人，在这段时间都不会开车、使用电脑和电话等机械设备。

犹太妇女在安息日开始之前会准备好所有食物，并在家里点上蜡烛。对犹太人而言，除非有急事，否则星期五太阳下山之后就不联系别人是一种基本礼仪。在以犹太人众多而闻名的纽约市曼哈顿街头，过了星期五的午餐时间，就经常可以看到头上戴着基帕（犹太男性使用的一种小圆帽）提前下班的犹太人。美国许多公司都尊重犹太人安息日的文化，并接受它是犹太人日常生活的一部分。犹太人从父母那里继承的安息日传统和文化，已经在他们所属的社会中得到认可，在现代生活中也自然而然地存续下来。

当然，并不是所有的犹太人都会遵循安息日的习俗。我的犹太朋友中，遵循和不遵循安息日习俗的大约各半。然而，未遵循安息日习俗的犹太人在星期五晚上，也会与他们的孩子做更多的交流，并且准备特别的晚餐。

犹太思想家阿哈德·哈姆（Ahad Ha-am）曾说：“与其说

犹太人遵循安息日习俗，不如说是安息日保护着犹太人。”安息日又被称为“天堂的飨宴”，是解除一周工作压力和焦虑的时刻，在家可以与家人共度，在犹太教会则可以跟朋友、同事和邻居相互交流。因此，安息日对于犹太人来说，不仅能够让人放松身心，也是更大的能量来源。

以下是俊宇在他的犹太朋友马太家中，一起度过安息日时所发生的事情。我认为安息日的最终目的是让家族成员之间可以好好长谈一下。以我们家曾经参加过的安息日来看，大部分安息日晚餐的时间都平均持续3~4个小时。所有家庭成员这时会围坐在一起，分享各自过去一周发生的事情，并且说出其中最令人担忧或印象深刻的部分。不论男女老少，大家都很自在地互相交谈，而且谈话的主题经常聚焦在孩子身上。马太的父亲自然会问孩子的学校生活和交友情况，并且鼓励孩子发表意见。

当时马太的姐姐艾米莉已经10岁，正要升入美国小学的三年级。艾米莉说，她担心自己二年级最要好的朋友会在三年级被分到不同的班级，之后彼此会渐渐疏远，对于如何维持友谊感到很苦恼，这时全家人都会把这件事当成自己切身的事情倾听着。事实上，具有绝佳说故事能力的犹太人，总是会谈及自己的童年经历，并且不吝于提出建议。

在韩国，属于双薪家庭的我们夫妻二人，其实很少有机会一起吃饭，在接受犹太朋友的邀请参加安息日晚餐后感触良多。后来，我们家每个星期五也会准备特别的晚餐，让这段时间成为我们倾听俊宇谈谈交友情况、学校生活困难等心声的宝贵时间，也成为家人沟通互动的最佳良机。

在繁忙的现代社会里，我们越来越少有时间全家人围着桌子吃饭。一起用餐其实是家庭成员与不同辈分之间进行沟通的最佳时机。通过家庭成员之间的自然对话，可以分享并掌握孩子感兴趣的事情，并在情感上进行交流。犹太人认为，家里就有许多辅导员和好榜样，也有可以分担彼此痛苦的朋友，因此，对犹太人来说，每周五的安息日，就是让家庭所有成员成长的无价时刻。

23
甜蜜的读书时间——睡前床边故事

俊宇小学一年级的班主任在开学日召开家长会时，曾经红着眼眶说:“我的祖母坐在壁炉旁念故事书给我听的回忆，是我生命中最美好的礼物。”并且强调父母应该多念一些给孩子听。

美国小学最重视的便是阅读。他们有一种叫作“AR测试”的考试，就是将每本书的序号输入电脑，然后回答5~10个问题。美国小学在学期开始时，会通过这项测试决定每个人的AR等级（水准），以及应该阅读书籍的目标数量。美国中学一年级和二年级的学生有一项作业是每天读书15~20分钟。通过从低年级开始持续不断的阅读课程，孩子可以阅读各式各样的书籍。他们从小学一年级开始，会将读过书籍的书名、作者等列出来，做成一本读书日志。此外，学校每年也会举办书展，学生在书展期间可以用低于市价的价格购买自己想要的书。

我身边有个朋友的小孩饱受理解障碍（指过度阅读，不了解字义，只是默背内容的症状）之苦。因此，对于脑部发育尚未成熟的小孩，重要的不是无条件地要求孩子阅读大量书籍，而是要符合孩子程度，阅读他们所喜爱的书籍。父母必须放弃贪念，不要一味要求孩子读很多书，即便只读一本书，也要培养孩子良好的阅读和自我启发的能力。

犹太人不把电视放在客厅里

有一种说法是犹太人不把电视放在客厅里。犹太人不论在学校还是在家，都会远离智能手机、平板电脑和电视，把时间花在阅读和讨论上。其实我的犹太朋友中，有些人家里有电视，有些没有。事实上，在现今社会，就算家里没有电视，也会接触到各种不同的视频。有时，即使家人齐聚一堂，也是在各自玩各自的手机或平板电脑，宛如活在另一个世界，这就是我们的生活实貌。根据纽约州立大学精神医学研究所的研究报告，青少年看电视的时间越长，注意力不足和学习障碍等问题就越严重。而且，对正在开始学习如何建立人际关系的孩子而言，也会产生负面影响。

根据英国2005年的研究报告，在30个发达国家中，韩国人的人均阅读时间最少。韩国人在求学时期都埋首于课业，读闲书是种无法想象的时间浪费。就算进入大学，从升学压力中解脱之后，为了积累未来就业的专业知识，依然没有时间读书。开始进入社会工作后，则变成工作的奴隶，想要享受阅读之乐，遂成为难以达成的事情。美国《纽约客》的一位文学评论家米斯里·拉（Mythili Rao），曾经发表过一篇标题为《韩国能否在政府的大力支持下获得诺贝尔文学奖？》的专栏文章，她在文章中揭露了韩国人不读书的事实，并且批评这样的韩国却想要拿到诺贝尔文学奖，真是一种讽刺。

韩国东北亚历史基金会公共关系组的组长曾呼吁员工要多读书，他说：“不要以没有时间看书当借口就不阅读，请培养阅读的习惯。虽然整天都被绑在工作上，但是我们并非一天24小时都在工作，活用闲暇时间养成阅读习惯十分重要。因为我们不是只会工作的机器人，人是一种会思考的动物。”

当时我刚刚进入职场，这段话成为我人生的一大指南。

犹太父母会全心全意地将孩子培养成为热爱阅读的书迷。对犹太父母来说，孩子的就寝时间是一个绝佳的机会。如果父母从婴儿时期开始，就念故事书给孩子听的话，可以刺激孩子的大脑。还不识字的孩子，也可以通过父母念的故事书，接触到不同的文句，从而增加词汇量，还可以培养有创意的想法。

犹太父母在念故事书给孩子听的时候，也会展现他们卓越的说故事能力，他们给无聊的文字赋予生命力，成为鲜活的故事。这种生动有趣的故事会引发孩子强烈的好奇心和想象力。

不过花太长时间念故事书给孩子听往往成效有限，所以每天只要花 10~15 分钟就已足够。而且不是硬邦邦地逐字念出来，而是要用不同声调，像演戏似的，念得既生动又有趣，以吸引孩子。神奇的是，我周围的犹太妈妈在念书给孩子听时，全都可以媲美讲童话的专业演员，她们也很容易找出孩子喜欢的书念给他们听。因此，这些孩子中，不乏可以将故事内容倒背如流的。犹太父母也会借着有趣的故事内容，向孩子传达自己的体悟。父母借助讲述的各种故事来加以教导，是孩子最好的学习方式。犹太父母每天都在重复做这样的事。

比阅读更重要的，是诱导孩子对书本里的内容自由提问。犹太父母会向孩子抛出各种与故事内容相关的问题，来拓展孩子的思维。与其由父母直接告诉孩子故事中所隐含的教诲，不如提出问题让孩子自己找出来。尤其是在《塔木德》中，本来就隐含着各式各样的问题，这也成为犹太父母说故事的工具书，以及智慧宝典。

PART

4

让孩子成长的英明母亲

永远在黑暗中露出光芒。

——埃利 · 威塞尔

A-7713，是犹太作家埃利 · 威塞尔被囚禁在奥斯维辛集中营时，刺在左臂上的拘留编号。“我永远不会忘记那个夜晚，在集中营的第一个晚上。它把我的人生活活变成了一个漫漫长夜。”身为犹太大屠杀的幸存者，他在《夜》这本书里，将自己遭遇的残酷经历告诸世人。埃利 · 威塞尔所陈述的极度痛苦和压抑，正是犹太人过去所受到的可怕迫害，这段不应再重演的历史，带给犹太人的教训非常明确和强烈。埃利 · 威塞尔也因为挺身而出，呼吁世人谴责种族主义的斗争，获得 1986 年的诺贝尔和平奖。

鲨鱼没有鱼鳔，没有鱼鳔的鱼不能在静止的水中生存。即使鲨鱼因为太吃力想休息一下，也不行，因为只要稍微休息一下，就会因身体往下沉而死去。因此，为了生存，鲨鱼一刻也不能停歇。我们无法想象鲨鱼为了生存下去所忍受的痛苦，不过，没有鱼鳔的鲨鱼最终击败了众多的鱼，成为海中的绝对王者。

24

区分目标与目的的英明妈妈

俊宇升入小学二年级的时候，我曾担任他们课堂的助理教师。当时，偶尔会看到幼儿园的新生跑来跑去的模样，那是一群总是让我想起俊宇也曾经这么小又这么可爱的开朗的孩子。俊宇的班主任跟我一起看管这群孩子，然后说："这正是最快乐的时光，应该是要无忧无虑地跑跑跳跳尽情玩耍的时光。"

突然，我想起俊宇幼儿园时期的一段往事，那是在育儿过程中最令我感到遗憾的事。当时俊宇一个英文字母都不认得，被编入幼儿园的第3组（共分为4组），我和俊宇之间的战争也从此展开。当时我以这辈子未曾有过的呵斥方式来教育自己的孩子，只要俊宇着色有点慢，或是看不懂、看错英文字母，我就不顾他的自尊心大声斥责。如今想来，我对自己这样的行径真是后悔不已。

俊宇上的小学，也根据孩子的阅读水平，将每班分为4个小组，然后根据不同的程度学习不同的课程内容，孩子的母亲则有意无意关心着分组的动向。美国母亲表面上看似不在乎孩子分组的情况，实际上只要自己的孩子分在程度比较低的组，就会神不知鬼不觉地帮孩子找个短期家教。一旦孩子又升到程度较高的组，达到目标之后，就会停止课外辅导的课程。

目标和目的之间有着明显的差别，目标是达成目的的实际指标，目的则是想要实现的事情或是前行的方向。大多数的妈妈都没有明确的目的，只是把孩子推向眼前的目标。有时只是因为妈妈喜欢拉小提琴，就会把想学钢琴的女儿送去学小提琴。

俊宇上幼儿园时，我的目标就是让他被编到程度最高的第1组。然而，达成目标后才发现，在这群程度不相上下的孩子中，被编入第1组并不会有什么太大的变化，反而有更大的挑战。明确的目标相当重要，然而，目的不明确的目标，就会像失去方向的弓箭。

犹太父母对这种分组不为所动，他们只会根据自己的教育目标，制订一个长期的计划。尤其是在低年级时，他们认为孩子分在哪一组并不重要，比较关注的是孩子跟朋友玩耍的情形，主要鼓励孩子发展友谊及培养社交能力，并让孩子找到自己的兴趣，然后有条不紊地积累实力。随着升入高年级，实力也就日益显现。

对犹太父母来说，最重要的事情就是，教导孩子即便小事也要由自己决定和选择。为了让孩子做出更好的选择，他们让孩子熟悉选择的技巧，并且学习对自己的决定负责。**犹太人从小就接受这种自己做出选择的教导，这成为日后成长的关键，让他们得以面对人生一连串的选择。**

我们是为了什么目的，走向我们眼前可见的目标？是为了什么目的来教育孩子？是为了填补自己贪念的目标，还是为了孩子幸福而引导孩子走向正确道路？若是忘了目的是让孩子寻找幸福，只是强迫孩子满足眼前的目标，终将无法拉好生命之弓。

25
虽然跟别人不一样，但你是特别的

有一则著名的广告文案是这样写的："当所有人都回答'YES'的时候，要有回答'NO'的勇气！"对无法拒绝别人的请求、面对所有询问都只能回答"是"的我来说，这则广告文案令我感到难以置信，同时也是一个重新认识的震撼。然而，如果我们真的拥有了这个能力，似乎就能成为一个更好的"我"，也能形成一个更好的"社会"。通过犹太妈妈，我切实体会到这则广告文案所隐含的重要教诲。

詹妮弗是一名上班族，也是位犹太妈妈，她的儿子亨利目前就读于纽约曼哈顿的著名公立学校。亨利从小就喜欢看书，他小学四年级的时候，詹妮弗曾建议学校让亨利参加美国教育部的精英计划。然而，学校却判定亨利是一个英语阅读理解能力不足的孩子，因为亨利平常在学校是个沉默内向、完全不起眼的学生，对于老师所提的问题，也不曾明确表达过自己的意见，因此没有任何老师认为亨利是一个天才。然而，詹妮弗不接受学校的判定，要求进行测试，结果亨利的得分高于同年级其他学生的分数。于是，自第二年起，亨利便参加了美国教育部的一项精英计划。

犹太文化以明确表达自我主张而闻名，在这种文化中，亨利的内向性格可能被认为是异常。但是詹妮弗并没有强迫亨利像其他犹太孩子一样，成为一个叽叽喳喳的孩子。詹妮弗发现了亨利与众不同的特性，并且认可其价值。此外，在接到学校通知，亨利英语阅读理解能力不足的结果时，詹妮弗能够勇于提出异议，则是来自于身为父母的确信。虽然亨利跟其他犹太孩子有些不同，但是詹妮弗坚信从小就热爱阅读的亨利，必定具有出色的英文阅读和写作能力，最后终于使她的儿子从能力不足变成了天才。

俊宇的朋友卢卡斯则是一个不喜欢遵循规则的孩子。当大家应该听老师讲故事时，他就画画；当大家听写时，他就读书。美国公立学校都制定有规则，并且会严格管教儿童的行为，卢卡斯这种行为便成了问题。卢卡斯的母亲贝琳达不得不与学校相关人员会面好几次。卢卡斯的一年级班主任认为卢卡斯有注意力不集中的问题，并申请了一位特教老师协助。

但是卢卡斯的母亲确信，卢卡斯并非注意力无法集中，只是不论任何东西，他都比其他孩子学得更快，因此对于学校所教的内容，很快就感到厌烦，然后注意力就开始涣散。因此，她认为只要在不妨碍别人的情况下，采取自由的方式来教育他，并且教导他即便感到厌烦也要懂得忍耐，问题应该就可以解决，所以她请求学校再观察几个月看看。

学校在每个星期五举办“展示对自己而言特别的东西”的时段，大多数孩子都会带家里的玩具来，但卢卡斯在同学面前展示的则是他在校园里发现的叶子上的“OOX”图案。在老师眼中，卢卡斯可能不是一个正常的孩子，但是他的妈妈坚信，卢卡斯是一个特别而有创造力的孩子。

在妈妈坚持不懈的说服下，卢卡斯终于不再被判定为注意力缺失的问题儿童。而且，升入二年级后，卢卡斯央求老师让他在所有同学面前演奏自己从4岁开始学习弹奏的钢琴。起初老师一直把卢卡斯的话当耳边风，直到有一天，卢卡斯递给老师一张厚厚的纸，原来他把自己想弹钢琴的理由和计划，做成了一张小海报。老师被卢卡斯的热情所感动，决定给他一个机会，在全体二年级学生面前弹奏钢琴。

卢卡斯家里没有钢琴，所以他平时用画在纸上的键盘来练习。音乐会前一个星期，贝琳达才第一次帮他借了键盘。最后，卢卡斯成功地在学校礼堂弹奏钢琴给所有孩子听。学校的老师和工作人员亲耳听到卢卡斯的表演和说明之后，才认识到卢卡斯是一个充满热情和聪明的孩子。

卢卡斯的故事给了我相当大的感动与启发。在贝琳达对自己孩子抱有的信任和信念之下，卢卡斯由一个被评断为患有注意力缺失症的问题儿童，变成了一个富有创造力和散发着光芒的优秀儿童。卢卡斯将会牢记一辈子，这就是父母的信任、爱和信念的力量。

为什么有那么多的父母对自己的孩子究竟正常与否，总是提心吊胆又忐忑不安？所有这些忧虑都是由于未来难以预测，充满了不确定性。现今有许多父母都期待自己的子女能够超越正常的孩子，成为完美的孩子。然而，我的犹太朋友则是接受孩子的原貌，不做过度期待，他们尊重孩子的性格，并且认为其别具意义。同时，犹太父母深信，每个孩子都有独特之处，并且支持孩子发挥自己的特长。

爱因斯坦的故事常常被视为犹太人的成功典范。虽然在爱因斯坦小时候，每个人都认为他是个傻瓜，但是爱因斯坦的妈妈相信并且等待着自己的孩子发光。我的犹太朋友也认为，爱迪生的妈妈面对想要孵蛋的儿子，没有拦着他反而鼓励他的故事，绝对是有可能的事。在伟人传记中，那些伟人父母所做的事，我的犹太朋友已在日常生活中付诸实践。

有句著名的犹太人谚语说:“如果有100位犹太人，就有100种意见。”这意味着每个孩子都有不同的性格，因此，每个孩子都具备不同的特质，父母必须早日掌握孩子的特点，找出适合的养育方法。

26 寻找自己喜爱的事情要有被讨厌的勇气

犹太父母并不期待培养出一个全能的优等生。相反，他们认为优等生就像是没有明显专长的平凡孩子，没什么特别之处。**犹太父母养育孩子的目的相当明确，就是让孩子找出自己喜欢的事情，并且不遗余力地支持孩子做喜欢做的事，**同时试图凝聚孩子的能力。

但是，大多数人都不知道自己究竟喜欢什么。那么，为什么我们很难找出自己喜欢的事情呢？为什么我们的孩子要花很长时间，才能了解自己的兴趣所在呢？

“想要变得幸福，就必须有被讨厌的勇气。”犹太心理学家阿德勒如是说。只为获得父母、老师、亲朋好友等他人认可的孩子，若想找到自己喜爱的事情，就必须具备被讨厌的勇气。若为了获得真正的自由和幸福，即使不被别人认可，也需要有勇气去忍受。

许多韩国父母经常试图通过孩子去完成自己未能实现的梦想。孩子若是为了父母的期望而非自己的兴趣去学习，就不太可能获得满足感和成就感。

犹太人认为，孩子不是父母的财产，只是一个暂时待在父母身边、需要父母来照顾的个体。**父母不能依照自己的想法来养育孩子，而是要帮助孩子找到自己想做的事情，并且好好发挥，**这才是重点所在。他们相信，如果你去做别人期待你做的事，虽然可能成为那样的人，但是只有你做了自己想做的事，才能获得成功的快乐。

我的侄子是个中学生，在韩国经常要补习到凌晨 1 点，才能结束一天的功课。大部分韩国学生的作息安排，都是每天早晨 6 点起床，只睡 4~5 个小时，其他时间都在念书。

喜欢旅行的犹太家庭，即使孩子是考生，每逢周末也会安排家庭旅行。相较于韩国学生投资在学习上的时间，犹太孩子坐在书桌前的时间明显很少。但是真正为世界开创令人赞叹的全新格局的人，并不是长时间待在书桌前的我们，而是犹太人。

犹太父母致力让孩子寻找觉得有幸福感的事情，因为想要做的动机很强烈，才会整天待在某处，如在仓库里，玩出一些科学发明或是新理论。但是，如果动机不足，只是坐在书桌前，就会失去效率，浪费时间。

当然，犹太父母对自己的孩子也有期许。犹太人认为阅读比任何事情都重要，因此希望自己的孩子喜欢读书。但是他们不会强迫孩子阅读，就像“书本涂着甜甜的蜂蜜”这句话一样，犹太人教导孩子读书是甜蜜的事，并且试着让孩子对阅读产生兴趣。一旦孩子体验到阅读的乐趣，就会自发地找书来读。

任何人如果发现自己的理想和兴趣，就会自主学习。而为了找到这个理想和兴趣，就必须具备被讨厌的勇气，因为我们并不是过着别人想要的人生。我们的孩子要具备可以忍受别人批评的勇气，才有可能获得实现幸福的真正自由。孩子凭借勇气所获得的兴趣，将成为其人生明确的生活目标。一个拥有明确目标的孩子，将拥有奇迹般的热情，投入于学习及工作之中。

27
“直升机妈妈”vs“扫帚老师”

有一种“直升机妈妈”，意味着总是绕着孩子团团转，过度干涉和保护孩子。还有另一种“扫帚妈妈”，则是指只在孩子面临重大问题时，才用“扫帚”帮孩子清除障碍，否则尽可能不加干涉。犹太人认为，**父母适合担任教导孩子如何拿“扫帚”的“扫帚老师”的角色，也就是父母应该教导孩子如何辨别自己所面临的问题。**

让还未成熟的儿童懂得如何自行区分障碍的方法，将成为他们判断是非和正义与否的一个指南针。而且，犹太人相信，每当孩子遇到阻碍时，父母教导他们如何清除障碍，才是最佳的教育方法，而非在孩子需要帮助时，自己积极挺身而出。

当我还是个职业妇女时，不得不在公司和家庭之间两头忙，同时要照顾俊宇。当时的我，没有“不行”这个词。我竭尽所能地照顾俊宇，生怕有所不足，经常追着他喂饭，时时牵肠挂肚，结果，俊宇成为一个小霸王，生活习惯一团糟。当然，孩子年幼的时候，应该目不转睛、片刻不离地加以照顾。可是，一旦孩子到了可以没有父母保护也相当安全的年龄时，犹太父母就开始努力培养孩子的独立性。

在俊宇就读的犹太幼儿园中，大部分超过15个月大的孩子，都已经学会了如何使用简单的玩具，并且可以自己按按钮来玩；4岁以上的儿童在睡午觉时，会自己铺床叠被；到了6岁时，几乎在幼儿园里所有的事情都可以自己解决。幼儿园教师为了训练孩子变得独立，需要花费两倍的心力。

年幼的孩子会犯错是家常便饭，有时候因为调皮，可能要花好几倍的时间来教。大多数老师认为直接帮孩子比较省事，但是为了让孩子学会如何独立，老师必须要忍耐和等待。到了7岁时，孩子则要能够自己洗澡，并且学会做拿尿布给妈妈帮弟弟、妹妹换等简单的家务。犹太妈妈从孩子小时候开始，就让孩子分摊家务，使他们了解工作的价值，并且培养自立心。这将教导孩子有责任感，提高孩子的独立自主性，进而具备自信心。

犹太人的成年礼比其他国家早 5~8 年。在孩子 13 岁的时候，他们会分别为孩子举办被称为“Bar Mitzvah”（男子）和“Bat Mitzvah”（女子）的成年礼。因此，犹太儿童在更早的阶段就具备独立的人格，也提早学习到责任感。犹太教会举办的成年礼，会有许多亲朋好友参加，给予祝福。接受成年礼的主人翁，则要在所有出席者面前发表感想。

依照犹太人的习俗，出席成年礼的人会提供现金补助，一般都是以犹太人的幸运数字“18”来包礼金，最常见的是 180 美元左右。犹太父母会将成年礼当天收到的这笔钱存起来，日后作为孩子上大学或开始社会生活时之用。

虽然父母可以帮助孩子，但是孩子凭借自己实力获得的成就感，将让他们引以为傲，这点切莫忘记。让孩子找到自己的能力和本性，规划自己的人生，父母从旁协助，这才是我们真正的角色。

我从犹太妈妈、幼儿园园长和老师那儿听到很多故事，都强调当孩子站在选择的十字路口时，切忌使用“必须”一词。他们会建议，除非是一定要训斥孩子的时候，否则不会使用“必须”这个字眼，并且异口同声地指出，即便是小事，也要让孩子可以做自己人生的主人，因此父母养育孩子的态度很重要。

在孩子面临选择的时候，父母应该站在旁观者的角度，因为命令孩子“你必须这样做”，将使孩子成为没有规划能力、没有主见的人。母亲可以分享自己的经验，然后问孩子:“妈妈这么想，你怎么看呢？”诱导孩子独立思考，才是明智之举。

犹太父母就是如此教导孩子，做最好的“扫帚老师”，让孩子可以自由自在地自己拿着“扫帚”。

28
通过伤口成长的孩子

有一天，我的犹太朋友亚龙和斯格列特问我："你知道为什么很多数学家和科学家都是犹太人吗？"

"嗯，我想或许是犹太人天生适合吧？特别是俄罗斯裔的犹太人，当中有许多数学家和科学家，他们大举移民到美国和以色列，对美国和以色列的数学和科学贡献良多，不是吗？"

我说出一直以来的想法后，亚龙回答说："位于俄罗斯旁边的乌克兰首都基辅一带，大多数大学的数学系都被称为'小型犹太教会'，因为大部分学生都是犹太人。那么，为什么俄罗斯和乌克兰地区的大多数犹太人都会挤到数学系去呢？”

我顿时无法回答。

“因为大多数俄罗斯人和乌克兰人都不喜欢念数学系，所以才有这么多犹太人不得不成为数学家和科学家。在俄罗斯这个国家，这是身为异乡人的犹太人别无选择的命运。”

针对什么是犹太人成功的核心这个问题，我已经问过数百遍，每次的答案都不尽相同。但是唯一不变的事实是，犹太人痛苦的历史，扮演着催化剂的角色。犹太人饱受迫害和压迫的过往，使他们更为务实。所谓的“犹太人精神”是犹太教、哲学、历史和文化的结合而形成的催化剂，其关键是重视智慧和教育优先。

许多民族都曾经遭受各种形式的迫害。当然，其轻重是难以比较的。只是，犹太人在承受苦难之后，培养出自主的想法和思考的能力，因此产生了许多犹太哲学家和心理学家。而且，为了自我保护，犹太人重视经济能力，并且积累了大量财富。此外，为了建设更美好的世界，犹太人也身先士卒。但是，犹太人最重要的原则莫过于重视智慧和教育优先。**犹太人比任何人都更清楚，一切都可以被夺走，唯有头脑里的智慧是人类可以真正拥有的东西。他**

们身处冷漠的异邦，深刻体会到保护自己和家人的唯一途径，就是教育。

逆境中的甜美果实

放学后，俊宇一见到我，就一脸颓丧地向我抱怨道："今天真倒霉！"因为他在下课休息的时候，和其他同学一起玩，结果跌倒弄伤膝盖，擦了消毒药水。然后因为我建议他用有色铅笔做数学作业，被老师责骂。我原本想，俊宇不喜欢做数学作业，为了激发他的兴趣，建议他用有色铅笔写写看。结果放学后，俊宇的作业本被放在底下，最后一个从教室里出来。

看到俊宇膝盖上的伤口，我感到很难过。然而，对俊宇造成最大伤害的，并不是膝盖上的伤口，而是老师的责骂。俊宇从幼儿园到一年级，一直都是班上老师经常在同学面前称赞的好榜样，因此，对持完美主义的俊宇来说，被老师责骂让他的自尊心遭到莫大的打击。

"是妈妈要我用有色铅笔写作业的，所以，请您去告诉老师。"俊宇说。

我对情绪激动的俊宇说:“如果老师又责怪你的话，你就试着直接告诉老师，这是妈妈建议的，而且你也觉得用有色铅笔做数学作业没什么问题。然后询问老师为什么责怪你，你觉得如何？”

我鼓励俊宇试着自己解决这个跟老师之间的冲突。

第二天（每个星期三我都会去俊宇学校担任助理教师），我从他的老师那里，听到了一件奇妙的事。俊宇平常十分害羞又不太敢问老师问题，早上却跑去找老师，问老师为什么不能用有色铅笔写作业。老师面对红着脸来问问题的俊宇，详细解释了不能用有色铅笔做作业的原因。俊宇知道了之后，就答应老师不会再用有色铅笔写作业。

我其实并没有期待俊宇会鼓起勇气去问老师，我以为他就算真的鼓起勇气跑去找老师，最先说出口的话也八成应该是:“是妈妈叫我用有色铅笔做作业的。”

后来，我问他为什么不告诉老师是妈妈要他这么做的，他回答道:“就算我说是妈妈要我做这么做的，又有什么不同？我觉得这么说没有必要，所以就没有告诉老师。而且，昨天老爸跟我说了一些话，没想到都被他猜中，真是太神奇了。今天真是美好的一天！”俊宇无法掩饰自己的兴奋。

我深信俊宇在经历这个自尊心受损的小小挫折之后，

得到了一些智慧和教训。

包括我在内的许多家长都重视所谓的赞美教育，结果似乎让孩子误以为自己是世界上最聪明、最完美的人。如果孩子没有如愿以偿就会发火，遇到一些小小的问题就会放弃，把自己的责任推到别人身上。韩国有许多孩子因成绩不佳而自杀的例子，都是无法接受挫折或批评所致。在游戏之中，只懂得赢、不懂得输的人，一旦输了比赛，就会陷入失败和挫折感之中无法自拔。如此一来，将无法再次挑战和演练，也就没有获胜的机会。

突然间，我想到早上看到俊宇在学校跌倒受伤的膝盖，忍不住唠叨说:“走路小心！不要跑！”为此我感到很惭愧。因为担心孩子的膝盖受伤，就要求一个正在成长的孩子不要跑跑跳跳，究竟能让孩子体验与学习到什么呢?

换作犹太父母，当孩子跌倒受伤时，他们会告诉孩子，膝盖受伤一定觉得很痛，所以要学会如何不跌倒。同时，不把受伤当成很严重的事情，以后就可以一下子再次站起来，进而培养出坚毅的品格，并且能够真正地成长。一个孩子若是被老师责骂了，自尊心受损，这时候教导孩子培养战胜逆境的能力，是很重要的。

这件事发生的前一天下午，我先生带着大半天闷闷不乐的俊宇去买冰淇淋。他在车上指着太阳，跟俊宇展开了一段对话。

“俊宇，那颗太阳接下来会怎么样呢？”

俊宇回答：“很快就会下山，然后就天黑了。”

“然后，明天太阳又会如何呢？”

“到了清晨，太阳会再次升起。”

“俊宇，就像太阳落山之后会再次升起一样，今天你在学校度过了难受的一天，所以明天对你而言，将是全新的一天！”

事实上，俊宇今天过得十分开心。我的犹太朋友告诉我，必须从小就培养孩子面对危机的坚强意志和信念。因为他们相信孩子克服逆境之后，将可以学到宝贵的人生教训。

《安妮日记》的主角安妮，正是在濒临死亡之际，凭借着写日记坚持下来。生命是一连串的忍耐。如果种子被践踏了就无法发芽，又如何在经历各种风霜后开花结果呢？小时候经历过适当的逆境，长大成人后，才能够在复杂的世界里培养出坚强活下来的力量。

29

孩子的自信是终生资产

迈克尔是一位犹太裔数学家，出生在俄罗斯，在苏联解体后与父母一起移居以色列。迈克尔在说到自己成为当代数学家的契机时，毫不犹豫地说出他与父亲之间的一段小插曲。

那是迈克尔 11 岁时的事情。他的父亲是一名工程师，当时他引导迈克尔去解一个非常困难的数学题。虽然迈克尔是个热爱数学的少年，但是面对这个从未见过的难题，也是绞尽了脑汁，过了 30 分钟之后，依然不得其解。然后他的父亲走了过来，迈克尔满心期待“爸爸现在会告诉我解题的方法”之时，父亲却叫他再想 30 分钟，并且说：“这一次，竭尽所能再试着解解看。”迈克尔觉得自尊心受到伤害，于是再努力解这道数学题。然而，他使尽了全力，还是想不出解题的方法。30 分钟后，他的父亲又走进来。迈克尔试图告诉父亲，自己已经尽力，但还是解不出来。但是此时，他的父亲说：“这道题目即便想破头也无解。”迈克尔很生气，觉得父亲真是不可理喻，心想“爸爸为什么要给我这道无解的难题来浪费我的时间”。此时，迈克尔的父亲说道：“我希望未来你在人生当中，切莫忘记现在这一个多小时竭尽所能的努力过程。这种投注所有心力的热情，对你的人生会有极大的助益。”

迈克尔强调，他从父亲那里学到不断研究无解的数学题的能力。后来，迈克尔成为一名研究纽结理论（Knot Theory）的数学家。11 岁的迈克尔，在那个短暂时间内感受到的挫折，最终成为他终生的资产。

法国文学家巴尔扎克说：“苦难对于天才是一块垫脚石，对于能干的人是一笔财富，对于庸人是一个万丈深渊。”没有感受过挫折和克服的过程，就很难体会到成功和真正幸福的喜悦。

我的犹太朋友杰西卡是美国波莫纳学院（Pomona College）的心理学教授，他通过临床试验也得出类似的结论。在实验中，杰西卡提供一些无解的难题给一群 11～15 岁的青少年，要求他们解题，结果相当有趣。其中，第一类青少年自始至终都十分专注于解题；第二类青少年则中途就觉得解不出来，难为情地笑了笑，宣布放弃；第三类青少年则是一解不出，就无法掩饰怒气，脸上显现出失望和受挫的神情。

杰西卡从针对这些孩子的父母所做的问卷调查中，发现一个令人惊讶的状况。平时常从父母那儿接受有关挫折、困难和逆境教育的孩子，大部分属于第一类，第三类青少年的父母并不重视挫折教育，对孩子的要求却比较多。

当孩子感到沮丧时，父母的态度有可能让孩子得以克服挫折并变得成熟，也有可能让孩子成为害怕失败、不肯接受结果的人。为人父母者，可能愿意为孩子牺牲一切，连天上的星星都想替孩子摘下来，因此，有的父母十分慷慨地给孩子许多零用钱去买东西；有的甚至买了比周围朋友更好的手机，当作送给孩子的礼物；甚至有的蛮横父母会替孩子找工作，有时还会出手殴打那些做事不合自己孩子心意的老师或老板，替孩子出气。

犹太父母则会明确教导孩子，世界上所有事情都无法随心所欲。他们教导孩子每当遇到为了得到想要的东西而不得不排队等候，遭遇挫折和逆境，或像无法解开数学题等情况时，如何学会忍耐与克服，并视为人生中理所当然的一部分。因为当暴风雨来临之际，能够保护自己那艘船的人，不是父母，也不是朋友，而是孩子自己。

懂得享受竞争的孩子

俊宇的学校曾推动一个名为“100 英里”的马拉松活动。学校在每周五让每个孩子都跑步一个小时，在一年内达到 100 英里的孩子，则颁发纪念奖章。俊宇和托马斯在同一年级中保有最高纪录，他们互称对方为“可敬的对手”。每周五放学后，他们都会互相检查对方过去一星期的记录。

虽然激烈的竞争有令人畏缩、焦虑和失败的消极面，不过，它也会成为刺激头脑的兴奋剂，以及发展到下一个阶段的机会。我的犹太朋友不会猜忌和嫉妒那些比自己更优秀的人，反倒是全力专注于竞争所带来的发展。就算彼此竞争之后，其中一个人胜出，也不是将自己与对方做比较，而是聚焦于自己是否有所成长。

我有一个犹太朋友是律师，她 3 岁时从俄罗斯移居美国，面对更激烈的竞争，这种优胜劣败的挑选一定会带来挫败，她克服的方法就是学习。我这位朋友毕业于哥伦比亚大学法学院，并在纽约曼哈顿担任财务律师，为了在激烈的竞争中存活下来，她可以说是竭尽全力。有一天，她告诉我说:“如果我发现比我更优秀的人，我不会把对方当成敌人，而是会试图观察，努力学习对方身上的长处。如果可能的话，找出一种双赢的方式。事实上，竞争中最大的敌人，就是自惭形秽的自己。”

人生在世，其实最大的敌人不是别人，而是自己。我的犹太朋友所说的这段话，让我沉吟良久。

我们的孩子以后面临的世界，将比现在更加艰难，竞争也益发激烈。每当孩子经历大大小小的困难之际，妈妈可以从旁提供什么协助呢？若是聪明的妈妈，应该是培养一个能够从容面对激烈竞争的孩子。

“谁知道呢？”所有经验都有其价值

这是俊宇在玩耍日去同学家玩的时候发生的事情。在科尔家的后院，养了三只鸡，旁边还有一个秋千和滑梯。

孩子就在后院和鸡群一起跑跑跳跳，玩着各式各样的游戏。

科尔和他的弟弟、妹妹经常堆沙堡，弄得全身都是泥浆更是家常便饭。

看到这种情况，我老是担心："如果俊宇的衣服弄脏了怎么办？如果被鸡啄伤了怎么办？"由于心里感到不安，所以我总是跟在孩子屁股后面跑来跑去，所以在玩耍日结束之前，就已经筋疲力尽。此时，科尔的妈妈丹妮耶拉告诉我："不要把孩子保护得密不透风。想想看，你可以保护俊宇到几岁？从现在开始，让俊宇自己有更多的体验，用开放的心胸来培养孩子是非常重要的事。如同注射预防针是为了培养孩子的免疫力一样，从各种不同的经验中直接学习的孩子，会具备更强的生存能力。"

我们在孩子面临挑战之际，往往自信满满地建议孩子说："我的人生经验丰富，所以知道该这么做才对。"因此，不论是孩子上哪所大学选什么科系，或是找新的补习班，乃至交朋友等，都一一提出意见。仔细想想，这些其实都是一种干涉，而且，不仅是家人，甚至包括朋友、亲戚、邻居等，都会不停地提出种种自以为是的忠告。这种来自周围人士所传达的经验和故事，不知不觉间便成为一个揭示他人挑战新道路的妄想望远镜。这种"全能博士"不仅隐藏在家人之中，也散布在我们周围，不时指点我们：“这样做会失败，那样做才会成功！”

于是，孩子心中的梦想，就在这群自以为是的成年人的建议之下，遭到漠视，也因此阻挡了孩子开启全新体验的大门。

在我的心中有一个障碍，有一个声音在说，我想要，我想要，我真的很想要！每天下午都会出现。然而当我试图压制它的时候，它变得更加强大。

——犹太裔诺贝尔文学奖得主索尔·贝娄（Saul Bellow）

犹太人对于身旁的人，包括家人在内做出的挑战性决定，都会鼓掌叫好，并且不吝于伸出援手。例如我的犹太朋友亚龙和斯格列特夫妇二人，他们的大女儿伊登即将念大学，在校成绩数一数二，却破天荒地决定去以色列从军，这对父母依然给予支持。他们认为这是为人父母对孩子的承诺，可是我完全无法理解，对于我的质疑，他们的回应是：

“Who Knows？”（谁知道呢？）

因为他们认为伊登在以色列将会经历什么、这些经验将如何改变她的未来都是未知数。妈妈斯格列特从学生时代就被称为“物理天才”，爸爸亚龙在普林斯顿大学取得经济学的博士学位，担任经济学教授，他们都不会贸然干涉女儿的人生。因为没有人知道什么才是最佳选择。但是当孩子决定要挑战什么的时候，至少会得到一个具有价值的成果，那就是经验。在人生过程中，当孩子做出新的决定和挑战时，以“Who Knows”这句话，带给孩子希望，就是最好的回应。

失败将积累为经验，并且转化为成功的基础。比失败更可怕的是未能通过失败有所体悟，更令人恐惧的则是因为害怕失败而畏于挑战，这样就如同放弃了人生所有的机会。事实上，世界上许多伟人都经历过诸多逆境和失败，他们失败后从中获得教训和启发，再进一步发展，得到成果时，伟人于是诞生。

许多家长希望替孩子做好所有的事情。如果你是想为孩子指引捷径的父母，不妨扪心自问：“我所选择的道路，对孩子而言真的是一条捷径吗？我确信这个选择是对的吗？”

原本有机会成为鲨鱼的孩子，会不会因为父母的要求走捷径，反而剥夺他成为海中之王的机会呢？虽然可能真的有所谓的捷径，但是它也可能成为阻挡孩子成功、剥夺孩子积累经验和发展的选择。

请记住，**让孩子足以忍受逆境，并在痛苦中具有像不倒翁般可以跌倒再爬起来的坚毅性格，将是父母留给孩子的最好资产。**

30

依照孩子自己的节奏运转的特殊时钟

俊宇进入幼儿园之前，我最大的烦恼就是如何帮他戒掉尿布。俊宇不论翻身、走路、讲话，所有事情都发展得比其他孩子迟缓，在戒尿布这件事上，也经历过一场艰难又漫长的奋斗。

此外，由于附近大部分的幼儿园都基于尊重孩子发展的原则，凡是4岁半以上的儿童，都会让他们独自去上厕所，即使这些年幼的孩子在厕所里尿湿了衣服，也必须自己解决，因此孩子如果不小心弄脏了内衣，也不会加以更换，而是继续玩一整天。当孩子回家时，妈妈就要忙着检查他们的内衣。

我为了早点让俊宇完全戒掉尿布，上幼儿园之前曾加紧训练他。一旦俊宇不小心尿湿了，就严加管教。经常因为过于严格，把俊宇弄得哇哇大哭，然后又得花好一阵工夫安抚他。

可是，当我第一天满心期盼地送俊宇上幼儿园后，才发现这段煞费苦心的戒尿布大作战似乎是白费工夫了。我看到老师很自然地在那里帮那些穿着尿布、看起来圆滚滚的孩子换尿布。我不禁问幼儿园的园长，在犹太幼儿园，5岁以上的孩子，老师也会帮忙换尿布吗？她回答说："这有什么问题吗？比较晚戒尿布并不成问题，因为每个孩子的发育速度都不同，有些孩子比较快，有些孩子比较慢。但是没有孩子到了上小学的时候，还需要穿尿布的。"

犹太妈妈认为每个孩子都有他们适当的发育时间。有些孩子很快就不必穿尿布，有些孩子则要过很久才能戒掉尿布，若是孩子的发育较为迟缓，犹太父母就发挥同理心来等候。每个人天生都有一个独特的时钟，依照自己的节奏来运行。每个孩子准备好的时间都不同，对事物产生兴趣的时机也就不同。

对小提琴不感兴趣的孩子，若硬是叫他去学小提琴，并且买一把昂贵的小提琴给他，就很容易浪费时间和金钱。

犹太父母总是不慌不忙地等待着正确的时机，用心倾听孩子内在那个独特时钟所发出的声响。

只要是跟俊宇有关的事，不论何时我都会自告奋勇地去帮忙，甚至让他连开口求助的机会都没有，因为我会先注意到他需要什么，然后帮他解决所有问题。结果，由于我还没等孩子开口就帮他打理好一切，导致俊宇到了小学二年级的时候，还不会自己绑运动鞋的鞋带。

我的朋友丹妮耶拉在美国一个犹太人学校担任副校长，她曾建议我说："只要不具有危险性，或是会对别人造成伤害的事，就放手让孩子自己做吧！"

其实孩子自己做得来的事情，父母不应该剥夺让他自己做的机会。如果妈妈像个问题解决专家，无时无刻帮孩子打理一切，那么孩子将会过度依赖父母，或者孩子可能为了顺从母亲的意思拼命忍耐，但是最后爆发出不满。因此，应该在孩子觉得需要帮助的时候再出手援助，此时才是父母应该出面的适当时机。

走在孩子后面一步

我的犹太朋友亚龙和斯格列特夫妇，他们的女儿伊登5岁时发生过一件事。因为亚龙到美国攻读经济学博士学位，所以他们全家从以色列搬到美国，住在普林斯顿大学的宿舍里。由于伊登十分喜欢拼图，斯格列特尝试让她玩各式各样的拼图。有一天，这个做爸爸的带了一盒一百片的拼图去伊登的幼儿园，叫伊登试着拼拼看。幼儿园老师担心伊登拼不出来，想要帮她，斯格列特马上阻止老师，并且拜托老师耐心等候，让伊登自己找到拼出来的方法。结果，过了好一阵子，伊登自己完成了这幅100片的拼图。从此，在幼儿园里，伊登被称为“拼出100片拼图的5岁神童”。

犹太父母都会走在孩子后面一步，懂得相信并等候孩子成长。许多成年人，包括我和伊登的幼儿园老师，都会认为孩子没办法做，限制了孩子的能力，然而，孩子从自我体验学习到方法的潜力，远远超出成年人的预期。而我的犹太朋友则发现了在我眼中看不到的孩子的潜力。

这是发生在2000年，美国副总统艾伯特·戈尔（Albert Gore）访问新泽西州的利文斯顿市的事。当时新泽西州最有影响力的人士之一查尔斯·库什纳（Charles Kushner），代表犹太社区负责接待副总统的相关仪式。值得注意的是，主导这项活动的人不是查尔斯本人，而是他的长子贾里德·库什纳。

“一个 19 岁的男孩能将如此重要的事情处理得有条不紊，他那种冷静的神情，实在令人印象深刻。”曾经出席那项活动的美国民主党官员派翠西亚·席柏（Patricia Sebold）在接受媒体采访时如是说。19 岁的年轻人能够主办一场招待美国副总统的活动，并且成功地在众多政治人物面前演讲，本身就是一件值得赞叹的事。更令人惊讶的是，他的父亲果断决定，自己绝对信任并委托自己年纪尚轻的儿子来主办如此重要的活动。

查尔斯·库什纳这位犹太父亲坚信自己儿子的潜能，总是站在孩子的身后守候着。在贾里德成为一个男孩、青年人和成年人的过程中，从父亲那里得到的爱与信任，正是他最坚固的支柱，让他产生更强大的力量。

受到母亲掌控的孩子，无法自由自在地振翅飞向天空。当孩子想要尝试新的挑战，在面对困难鼓起勇气之际，父母并不需要做什么了不起的事情。因为孩子得以一步步迈开脚步的大大小小的力量，都来自于父母和老师的赞美、鼓励，以及信任。

我的犹太妈妈朋友的特点之一，就是当孩子做得好时，会不吝给予赞美。更重要的一点是，当她们称赞孩子的时候，不只是抽象地赞美说“做得好！”而是会列举出具体的事实。此外，她们也相信，当孩子面临失败时，给予激发勇气的鼓励更为重要。

赞美和激励会成为孩子迈开步伐的动力。孩子就像是没有栽种说明书的种子，一开始不知道要将种子播种在哪种土壤、每天应该浇多少次水。但是，随着时间的推移，我们可以找到适合种子生长的最佳环境。明智地发现这点，不正是父母要扮演的角色吗？虽然父母各有自己喜爱的花朵或果实，不过，在适当的时候，种子会依据自己的天性开花结果。

31

等待火苗燃起：妈妈的承诺

在犹太学校担任副校长的丹妮耶拉，想介绍我们跟她来纽约拜访的亲戚认识，于是邀请我们全家去她家吃晚餐。丹妮耶拉对我而言亦师亦友，每当我有关于教养孩子的问题时，都会去请教她。

我们在一个包括祖父母、阿姨、姑姑、叔叔和堂兄弟齐聚一堂的大家庭聚会中开始用餐。科尔的叔叔在纽约担任人权律师，特别爱问孩子许多问题，很喜欢和孩子交谈。他也问了俊宇各种有关学校生活的问题。我心想：“俊宇学英语才不过八九个月的时间，他该有多么惊慌呀！”我感到十分紧张，本能地就代替俊宇回应科尔的叔叔的提问。

然后补充说道:“俊宇面对陌生人比较害羞,不喜欢与人交谈。”

但是,科尔的叔叔没有放弃,继续问:“俊宇,你有什么看法?你在学校有什么特别的烦恼吗?”他不断反复询问,并且等候俊宇回答。经过了几秒钟的沉默,就在我觉得等待时间似乎有点长,又试图代为回答的那一瞬间,俊宇开始说出他在学校里觉得烦恼的事情。而且俊宇的英语能力已经进步到让我的担忧都是多余的程度。

那一刻,让我不知所措和尴尬的不是别的,而是我自己无法忍受不安的模样,以及我轻率说出这句话:“俊宇很害羞,所以不喜欢与人交谈!”还有我为了逃避焦虑感,自私自利又随心所欲的行为。因为不相信俊宇,所以我连让他自己发言的机会都要剥夺。

几天之后,丹妮耶拉和我一起喝咖啡聊天。我向她吐露自己的焦虑,担心孩子在成年人面前犯错,不知该如何是好。丹妮耶拉认为,我这种行为是试图先出面帮孩子解决问题,可以说是把孩子正要点燃的能力火苗给熄灭。这种母亲过度干预的做法,将会削弱孩子独立思考和行动的能力,使他们成为太过依赖的孩子。一个不能自我表达的孩子,别说是自力更生了,连学习负责任都有困难。

丹妮耶拉补充说道:“犹太父母教导孩子‘失败就像现在为未来买的保险一样’，因为孩子年纪尚小，所以可能会犯错，比起长大成人后铸下大错，年幼时犯点小错不是还好吗？”

犹太父母并不会担心年幼的孩子犯错。因为如果小时候因为害怕犯错而不去尝试、不求表现、不去体验的话，就什么也学不到。犹太教育的核心就是让孩子独立思考，并且亲口表达出来。犹太父母最担心的反倒是孩子放弃独立思考和自我表达。

在充满圣诞歌曲的 12 月，许多人都享受着圣诞节的氛围，我的犹太朋友则在欢度犹太教的光明节。这个节日最具代表性的仪式，就是每天晚上在金灯台（光明节用的九座烛台）点燃头灯和不同根数蜡烛。这个仪式将持续 8 天，第 1 天点燃头灯和一根蜡烛，第 2 天点燃头灯和两根蜡烛，第 8 天点燃头灯和八根蜡烛。金灯台总共有 9 个烛台座，其中 8 个代表“天”(Days)，中间的烛台则被称作“仆人之光”(Shamash)，意思是奉献。

每天晚上，犹太人首先会点燃仆人之光，然后根据是第几天晚上，依序点燃其他蜡烛。位于发光的蜡烛旁边、尚未被点燃的蜡烛，静静等待轮到自己的时机。我们看到发光的蜡烛时，总是开心欢呼，对旁边未点燃的蜡烛则无动于衷。但是，当黯淡无光的蜡烛从仆人之光引火过来的那一刻，就会成为发出明亮光芒而具有价值的蜡烛。

看着犹太人遵循光明节的点灯仪式，我不禁认为，仆人之光就像我的犹太朋友所强调的明智的家长一样。明智的父母在养育孩子的时候，会试着找出孩子内在隐藏的蜡烛。想要找出这既不会移动，也没有发出光芒的隐形蜡烛，远比想象中的更困难。万一没有找到的话，那么孩子潜藏在内的蜡烛，可能一辈子都不会散发光芒。

明智的父母认为，孩子内在潜藏的蜡烛，即便现在是熄灭的状态，但是当父母的火苗碰触到它的时候，就会点燃它，发出明亮的光芒，因此深具价值。所以，父母的仆人之光必须等待适当的时机，来点燃孩子内在所潜藏的蜡烛，然后指导孩子如何自己散发出光芒，接下来，就是孩子自己的人生功课了。

没有人能预先知道孩子具有何种潜质，将会如何闪闪发光。如同仆人之光无法干涉其他烛光将维持多久，明智的父母也只能等待时机，帮助孩子在人生旅途上尽情发挥潜能，并且受到肯定。

PART

5

妈妈的个人时间不被牺牲

社会心理学的先驱艾瑞克·弗洛姆（Erich Fromm）是一位出生于德国的犹太人。他为我们留下了广为人知的《爱的艺术》《健全的社会》《占有还是存在》《逃避自由》等诸多力作。其中，在畅销全球的《爱的艺术》一书中，他说明了若要好好去爱，是需要技巧的。若只是以爱为名，付出一切，只会教养出没有规矩的孩子。那么，若想让孩子懂得爱的艺术，我们应该怎么教导呢？明智的父母不会期待拥有一个完美的孩子，因为完美只是一种幻想。

但是，当孩子走出原则和纪律的藩篱，做出不当的行为时，我们应该坚定地加以责罚。犹太父母一旦判断自己所爱的孩子行为逾矩时，会毫不犹豫地加以训斥。而且，会根据孩子的个性和气质，以及犯错的严重程度，找到适当的惩戒方法。这种理性的训斥能够启发孩子，并让孩子发生改变。

32
家庭是子女教育的Alpha和Omega

俊宇小学一年级的时候，每次放学回家后，就会一边吃零食，一边打开话匣子说起在学校发生的事。有一天，他说午餐时自己和其他小朋友坐在桌子旁吃饭，但是他的朋友卢卡斯捉弄另一位小朋友詹姆斯，把他的午餐袋扔了出去。

亲眼看见这个情况的俊宇，对卢卡斯的行为很生气，告诉他说："卢卡斯，这是很不好的行为。你应该赶快向詹姆斯道歉！我会数一二三，你在我数到三之前要向他道歉！一，二，三！"

听完俊宇所说的话，我觉得十分尴尬，因为这是我在养育孩子的过程中，忍不住发脾气时，用来恐吓孩子的方法。我当下了解到，父母用这种读数字威胁的方式来对孩子施压，以及催促孩子的行为，会让孩子感到不安，也为自己平时的这种习惯感到不好意思。同时，我听到俊宇在不知不觉间学我说话的习惯、对其他小朋友施压时，感受更是深刻。儿童会依循父母的语言和行为，加以模仿，最后，据说不仅是语言和行为，甚至连价值观都会与父母雷同。

“α”（Alpha）是希腊字母的第一个字母，“Ω”（Omega）则是最后一个字母。“家庭是儿童教育的Alpha和Omega”这句话，意味着在家中从父母那里看到、学习到的生活方式，将是儿童教育的开始，也是结束。换句话说，**在儿童教育方面，父母自始至终都担任着最重要的角色。**

当我们长大成人、为人父母之后，有些事情必须铭记在心：父母并不是完美的人，也可能犯许多错误。人类在社会生活之中，经常处于各种关系网络之中，必须容忍和隐藏自己的情绪变化、性格和感情等。但是，当我们成为父母之后，首次遇到可以随心所欲地对待的对象，就是自己的子女。因此，对子女而言，父母可能是家中拥有绝对权力的人，有时候，子女也会成为父母释放外在压力的出气筒。

犹太父母认为，孩子会通过父母的言行举止，形成自己的思维。父母是孩子成为正直的人，并且得以成功的关键。他们也相信，**一个孩子出生之后，父母的教育将决定孩子人生的50%以上。**因此，我的犹太朋友不仅教导孩子学习新知，连第二外语、人格教育、社交能力、价值观、朋友关系等，也全都包含在家庭教育之中。

犹太人认为，家庭和谐至关重要。大多数犹太父母虽然很忙碌，但是会尽量花时间与家人相聚。父母可能都是上班族，经常要出差和加班，甚至连见孩子一面都很困难的情形也很常见。或者有时候因为出差，好几天无法回家；有时候因为有手术，过了午夜之后才能回家。即便如此，为了跟孩子进行情感交流，就算是下班太晚错过了和孩子碰面的时间，也会利用吃早餐或是周末的时候跟孩子聊天。

犹太父母的观念是，并不一定要花很多时间，最好能利用短暂的时间达成高品质的沟通。最重要的莫过于利用每周五的安息日，跟孩子沟通交流。无论父母多么忙碌，如果他们是犹太人的话，就会跟家人共度安息日，这是他们的文化，也是生活的一部分。虽然有些犹太父母没有将安息日当作例行活动，也会尽可能在周五晚上与家人相聚，共度晚餐时光。

33

任何人都带不走的智慧

有一天，俊宇的犹太朋友强纳森问了我一个问题。

“阿姨，假设把几只鸟放在箱子里，想象鸟儿在里面飞舞。如果我们测量这个里面有鸟儿飞舞的箱子的重量，结果会如何？鸟儿原始体重和箱子加起来的重量，跟装着鸟儿飞舞的箱子的重量，哪一个比较重？”

虽然这是我有生以来，从来没有想过、也不曾思考过的问题，但是我还是自信满满地回答道：“当然是这些鸟儿的原始体重和箱子加起来的总重量比较重。因为若是箱子里的鸟儿振翅在箱中飞翔的话，就不会在箱子上增加重量。”

强纳森说在学校里，老师和同学的答案都跟我的一样。

尽管如此，强纳森仍然怀疑两者的重量应该是相同的。我建议仍心存疑惑而苦恼不已的强纳森，既然老师已经给出了答案，就算了，别再伤脑筋了，去玩其他的新游戏吧。

一个星期后，强纳森在学校证明了他的想法才是对的。鸟儿原始重量和箱子重量的总和，与鸟儿在箱子里振翅飞翔并在空气中形成的重量，这两种重量是相同的，强纳森的想法终于得到了证实。

强纳森的爸爸亚龙曾对他说，世界上不应该相信的事情有三种：老师确认的正确答案、可以从网络上轻易搜寻到的资讯，以及自己过于轻易获得的答案。他建议强纳森应该不断抱持着“这有可能不是真的”的好奇心。

我们韩国人又如何呢？我们喜欢明确的答案，而且认为只要记住这个答案就够了。我们也只看表面显而易见的答案，并且害怕对蕴藏于内的其他领域产生好奇。或许是害怕现在自己知道的答案变得什么都不是；或许是因为自己不知道的世界是如此宽广，害怕承认自己无知，因为我们无法得知未显露于外的部分，里面究竟藏着何种秘密。

在数学考试中得 0 分和 100 分的学生之间有什么差异？犹太父母相信，不同之处就在于了解与承认无知的差异。了解无知但不承认的学生，不会有疑问，也不会提出问题。

因此，得0分的学生为了要解题，可能只会专注于眼前看到的信息，无法掌握答案背后蕴涵的原理。这种学生只要问题稍做改变，就无法解出。另外，学生若不是只关注眼前所见的事物，承认自己看到的可能不是自己知道的全部，了解自己的无知并持续不断地提出问题，就不能掌握蕴涵于内的原理。了解无知并且承认无知，在孩子成长的过程中非常重要，以好奇心和疑问来了解原理，才能乘着智慧的翅膀自由翱翔。

1944年的诺贝尔物理学奖得主伊西多·艾萨克·拉比（Isidor lsaac Rabi），有一段广为人知的访谈。“放学回家时，其他妈妈会问今天在学校学了些什么，我妈妈却问我，今天在学校问了什么问题。”他在接受采访时将自己所有的成就，都归功于母亲。

犹太人培养会提问的孩子。他们告诉孩子不要自满于自己什么都知道，即使老师已经告知了答案，也必须自己再次思考并提出问题。犹太家庭教育这样来刺激孩子的好奇心及自我提问，自然能增长孩子的智慧。

“无论世界上发生什么事，无法带走的，只有人类头脑里的智慧。”这是我开始关心犹太教育以来，最常听到的犹太谚语。

我的犹太朋友斯格列特跟我一起散步时，曾经聊到她的父母。她父母经历过犹太人大屠杀，所拥有的一切都被剥夺，什么东西都没有留下，因此他们更深切地领悟到，直到生命结束为止，人能够随时拥有并与之共存且值得信任的东西，唯有智慧。

作为一个饱受迫害的流浪民族，犹太人有着所有东西都可能被任何人夺走的不安感。因为金子、银子和宝石等昂贵的财物，随时可能破碎而灰飞烟灭，成为无用之物。**任何人都无法用力量夺走且无法改变的，只有智慧。**这是犹太人获得的教诲，因此，斯格列特的父母总是强调说，智慧是最好的资产。

据说在犹太家庭成长的马克思，为了积累智慧，持续不断地研究，他读完了大英博物馆里所有的书籍，一生都在持续不断地学习。他被誉为最伟大的思想家，他的智慧永远留在我们的记忆中。

犹太父母会让孩子经常思考，不给他们停止思考的时间。我以为父母持续提问，或是要求孩子学习，孩子可能会感到厌倦，但是事实证明并非如此。孩子会像玩游戏般兴致勃勃，深深陷入思考当中。犹太父母创造了一个让孩子可以不断思考的环境。

知性对话必备的广博又浅显的知识

我们周围有一种博学多闻的杂家。他们的特色就是喜欢谈天说地，而且这样的人很受欢迎，也很成功。那么，为什么美国社会对各类不同的琐碎话题如此热衷呢？

在美国社会重要的聚会或会议场所，越来越多的谈话以这种多样化的琐碎话题为主。不论是欧洲历史、中国历史、日食与月食、艺术作品、著名音乐表演等各个领域，各种话题此起彼落。而且，能够在那些场合掌握话语权或参与谈话的人，往往在现实社会中已经开始获得许多好评，美国人视这类人为具有魅力及教养的人。我们所认知的杂学，对他们而言，等同于丰富的文化素养。

现在，我们也需要转换对知识多元化的认知。我们大部分人都是自幼从阅读中达到一定的教育程度，同时听从并向教育水准高的父母学习。重要的是，我们从父母身上所受的丰富教育，在我们迈入社会生活时，会成为巨大的竞争优势。人类是经由学习积累资讯与知识的，而有智慧的人不但具有学习知识的能力，还懂得如何善加运用。

尽管犹太人拥有许多知识，但是他们仍然领会到自己无知的部分，并会真诚提问，同时懂得如何适时运用自己拥有的知识。他们在各个领域获得的成就证明了犹太人智慧的力量。

多国语言这份礼物

有一次，我和蕾莫一家人到墨西哥餐厅共进晚餐。点餐时，蕾莫与老板娘聊了好一阵子。当她 17 个月大的儿子用希伯来语说出“谢谢”时，老板娘吓了一大跳，并对蕾莫说:“这么小的孩子居然会说第二外国语，真是令人讶异呀！”

“当然，因为希伯来语是我的母语！”

“我在美国成长的过程中，如果说西班牙语，人们就会无视我的存在，所以父母不让我讲。但是近来讲西班牙语的人愈来愈多，反而成了一种竞争优势。”

蕾莫一而再、再而三地对老板娘强调，在家保持讲母语的习惯是多么重要。

“多国语言的能力，是父母送给孩子的最佳礼物。”蕾莫如是说。

当犹太人与居住在世界各国的亲戚见面时，就产生了熟悉新语言的契机。从小接触各种语言的犹太人，比起只使用单一语言的人，拥有更杰出的语感。在美国的各种不同民族当中，犹太人的英语程度十分卓越。他们之所以能学到更多单词、有更好的表现，都是父母自幼不断加以磨炼及教育的结果。在这种能够体验各种文化与语言的生活环境中，犹太人才得以具备相当不错的语感能力。

若想经商或是接近美国社会的核心，语言实力比什么都重要。我最喜欢的哲学家维特根斯坦曾说:“语言的界限就是世界的界限。”他放弃继承庞大的财产，走上哲学之路，并且通过哲学克服了束缚童年的自卑感。他所营造的哲学世界既深且广，是我们难以理解，也难以用语言来形容的。维特根斯坦所说的这句话，并不是指单纯的外语。但是，为了理解这些哲学性的语言与思考的逻辑，若是能懂得更多的外国语言，并会说多国语言，将有助于拓展自己的眼界。

在社会上生存，外语能力非常重要。再怎么聪明的人，如果不会用他国的语言沟通，就容易变得畏缩且拘束。换句话说，犹太人之所以能在各个领域都头角峥嵘，多国语言能力功不可没。拥有多国语言能力，可以说是在世界漂泊的犹太人为文化留下的最佳礼物。

34
犹太父母的首要顺位

教育第一

犹太人是世界上最早引进义务教育制度，让经济条件负担不起的人也能接受教育的民族。犹太人视教育为首要价值，这项传统一直延续至今。以色列建国后，建立了免费教育制度，只要是3~18岁的以色列人，都能接受义务教育。至于居住在国外的犹太人，世界各地的犹太教会就扮演着教育机构的角色。

苏联解体后，获得迁徙自由的犹太人大举移民美国，他们大部分定居在纽约和三藩市。若说是定居于三藩市附近的俄裔犹太人创建了现在的硅谷也不为过。目前成为Google和脸书等IT产业天堂的硅谷，大多数是由犹太人的第二或第三代所主导，而且他们大部分都是俄裔犹太人。

他们的父母大部分是医生或工程博士。父母对高等教育的热情可以说造就出无数的科学家。我的犹太朋友雷尼也是一位在硅谷长大的俄裔犹太人。雷尼完成数学系的博士课程后，就被麦肯纳学院聘为数学系的教授。他的妻子伊菲吉妮亚也是俄裔犹太人，他们家从祖父开始就是数学家。

犹太父母将儿童教育放在首要顺位，特别是集中在童年时期的创意教育，随着年级愈高，呈现出来的成就与差异愈大。犹太教育的最大特色是尊重个人的个性与能力，根据孩子的能力与关心的领域来因材施教。犹太父母尊重孩子的个性，让孩子能够有更多的可能性，并培养出了许多领导者。

犹太人有句格言是“没有贤人，但有聪明学习的人”。对于犹太人来说，学习是终生的事情。犹太父母自孩子一进入小学，就会把他们送进主日学校。主日学校会以希伯来语和《妥拉》为基础，教导孩子学习各种知识与智慧。当他们也成为父母，甚至成为祖父母时，仍然会持续阅读与学习。

许多人认为犹太人是在家庭中完成所有教育的，没有接受私人辅导。其实犹太人也接受私人辅导，尤其是最近以来，以色列的私人辅导不亚于韩国。从幼儿期集中在创意性的音乐、艺术开始，到逐渐长大后接踵而来的科目或有兴趣的事物等，他们会另外接受课外辅导或参与放学后的补习。美国大多数学校各年级学业排名在前的学生，几乎都是犹太儿童。犹太妈妈对孩子学校生活的关心绝不亚于韩国父母。

在美国，虽然以“虎妈”一词来形容采取严厉教育方法的东方妈妈，但还有另一个足以媲美的代名词，就是“犹太妈妈”。事实上，相较于以苛刻、严厉督促孩子学习闻名的东方“虎妈”，“犹太妈妈”的气势可能更胜一筹。

但是，这两个群体的特色截然不同。犹太父母不会强迫孩子盲目学习。他们为了让孩子更有兴趣体验及学习更多事物，会在日常生活中营造多元化的环境，不断努力填满可以让孩子学习的各种东西。此外，犹太人虽然喜欢积极投入私人辅导与学校教育，但也不会疏忽家庭教育。因为他们相信，人品端正才能好好学习，最后才会成长为一个堂堂正正的成年人。

担任家中坚强支柱的爸爸

俊宇的爸爸是留学生，有时候心情相当愉悦，有时候又意志消沉，情绪跌至谷底。似乎是因为他以大龄攻读博士，必须比别人付出两至三倍的努力，但是未来茫茫不见前方的不确定感，偶尔会让他感到忧郁。

一家之主的情绪波动，会给家庭带来不良影响。有一天，我与犹太朋友伊菲吉妮亚一起晨练，她看到我有别于平日，显得郁郁寡欢，就担心地询问是否发生了什么事。我跟她说了前一晚俊宇的爸爸饱受压力折磨的事。

伊菲吉妮亚听完，便说起她与先生在攻读数学博士时相识的事。在数学世家长大的伊菲吉妮亚，未能攻读完数学博士学位，就开始进入职场。她先生雷尼则在读博上课期间，乃至成为教授之前，背负着许多压力。即使是现在，雷尼只要开始进行一项新的研究，就会承受很大的压力。身为妻子的她，告诉了我她的经验。她说，每当先生情绪波动时，她也会像蜷缩在洞穴里的动物般畏缩怯懦。但是有一天，雷尼对她说："我所经历的这种巨大波涛般的痛苦，是我必须承担的事。你绝对不会被卷入这个波涛当中，所以不要担心，只要以妻子的身份，在一旁成为我的坚强支柱就好！"

伊菲吉妮亚接着又补充说:“你不必卷入你先生必须经历的波涛。若连一旁的妻子都感到焦虑，对承受压力的先生来说，是完全没有帮助的。妻子只要在先生感到忧郁或痛苦时，在旁边成为他的坚强支柱就可以了！”

希伯来语中，“爸爸”叫作“Abba”。在《圣经》里，它有四种意义：供给者、保护者、引导者、教育者。犹太爸爸认为，其中以教育者的角色最为重要。孩子的教育不能转嫁给学校老师、补习班老师及妈妈。因为犹太爸爸相信，孩子从爸爸那里学到的教诲最为重要。

犹太爸爸拥有绝对的权威。“爸爸回来了，快打招呼！”孩子通过妈妈学习到的是，爸爸既强壮又伟大。爸爸如同朋友般温和但具有权威，是犹太家庭的坚强支柱。因此，犹太人确实赋予爸爸崇高的地位。孩子会配合爸爸下班回家的时间，先完成自己该做的作业、洗澡等，以便迎接爸爸，对着因工作而疲累返家的爸爸，一再反复表达爱意及尊敬之情。我常在想，犹太爸爸早早回家真的就能感受到家庭的滋味。犹太人尊重爸爸权威的表现，是爸爸拥有专属座椅，而且那张椅子只有爸爸才能坐。用餐时，就连孩子都不能坐在爸爸常坐的座位上。

通常爸爸会与孩子聊天、一起读书，为一天画上休止符。孩子以爸爸为榜样，实际上对孩子的成长有很大的影响。一到周末，犹太爸爸经常会陪孩子一起观赏运动竞技节目，或是跟孩子一起从事他们喜欢的运动。

韩国以前是一个父权社会，但是，现在的社会形态已大为改变。此外，爸爸与子女一起聊天或共度的时间亦与日俱减。根据调查结果显示，韩国爸爸平均一天与子女共度的时间只有 15~30 分钟。

犹太爸爸宛如坚强的支柱，他们的存在，为孩子增强自信，并且稳定情绪。而孩子也通过爸爸的高度权威，寻找到一个稳定的未来。

决定家庭和睦的妈妈

在犹太人家庭中，妈妈的角色非常重要。如果妈妈是犹太人，那么子女就是犹太人。但如果爸爸是犹太人，妈妈不是犹太人，那么子女就不是犹太人。这是因为妈妈在养育子女与决定未来的方向上，扮演着重要的角色。

事实上，犹太妈妈在世界上各个领域培养了许多伟人。精神分析学的创始人弗洛伊德曾说:“我能够成为一个伟大的人，是因为我的母亲相信我。”此外，丈夫必须爱护与尊重他的妻子，也是一个家庭中的母亲，这传承来自悠久的历史。

我偶尔观察身旁的犹太朋友，会看到过度关心太太的先生，这种文化是从结婚后开始的。犹太人结婚时都举行婚礼，并根据犹太法律缔结婚姻契约。在被称为“婚约”的婚姻契约书中，内容大部分是为了太太而写，包括先生必须守护并珍爱太太、财产大部分都归属于太太。

俊宇进入犹太幼儿园大约一年，同班同学杰克的父母邀请我们参加他们家的安息日晚餐。当时，包括杰克的祖母和祖父在内的全家人，站在摆满辫子面包、葡萄酒和犹太洁食的餐桌前，由一家之主的杰克的爸爸主持安息日的仪式。第一项就是由杰克的爸爸为妻子唱一首美丽的歌曲，歌词是“你一张开口，就会说出有智慧的话，你拥有温柔的力量”，这是一首赞美妻子的美丽诗歌。为了准备安息日晚餐的妻子，为了家庭和谐而努力工作一周的妻子，大家一起以感恩的心，真心歌唱，并献上祝福的祈祷。犹太人从小就被教导，珍惜与尊重女性非常重要。

上帝不用男人的头去创造最初的女人，是因为女人不能支配男人。同样，没有用男人的脚去创造女人，是因为女人并非男人的奴隶。上帝仅以一根肋骨创造了女人，是为了让女人随时接近男人的心。

——《塔木德》

我这才领悟到，犹太父母每个星期五都会以身作则，教导孩子要敬爱与尊重妻子与母亲。如此自然地学习到对妻子、母亲的尊重态度，这在赋予孩子正确的女性观念上，有相当重要的影响力。此外，正确的女性观念也成为孩子未来拥有正确的婚姻生活与幸福家庭的根基。

随着安息日仪式的开始，我想象着杰克的祖父母在很久很久以前，也和杰克的爸爸一起进行过类似于今天这种安息日的活动。杰克的爸爸从小看着父母的言行举止并身体力行地学习，现在成了一家之主，也在自己的孩子面前，实践着自己父亲做过的事。这一瞬间，也将是杰克长大成人、成为一个家庭的家长时，会铭记于心的家庭的意义。

家庭教育的核心是和谐的夫妻关系。在经常吵架的父母身边，小孩很难开朗地微笑着成长。当父母彼此珍惜及尊重时，才能牢牢掌握家庭的中心。对于犹太人来说，家庭的稳定与和谐比其他任何事情都重要。

35

奉献与牺牲之间

有个有趣的故事，可以说明犹太父母对子女的教养方式。

父母站在楼梯下方，叫孩子相信父母会接着他，然后叫他向下跳。在克服从第一个阶梯向下跳的恐惧后，出于相信父母，孩子接着在第二个阶梯、第三个阶梯奋力向下跳。但在孩子爬上第四个阶梯并奋力向下跳时，父母并没有接住他。他们对孩子说："除了你自己，不要相信任何人，即使是你的父母。"

这个故事蕴涵的教诲是:“不要依赖别人，要靠自己生活。只有你能做自己人生的主人，父母只是从旁以爱相助的老师而已！”犹太父母为了给孩子生活的启示，总是不惜奉献自己。

然而，奉献自己与牺牲自己的人生不同，奉献与牺牲是有差别的。如果检视这两个词语在词典上的定义，奉献是“献出身心，竭尽所能”，也就是说，父母为了子女尽其所能；牺牲是“为另一个人献出或放弃自己的生命、财富、名誉、利益等”，也就是说，父母将自己所有的一切都献给子女。

很多韩国的父母超越了奉献，为孩子牺牲了自己的整个人生。即使经济不够充裕，为了子女，也可以忍受任何牺牲。例如，无法支付孩子的学费或无法帮忙付房租时，父母会感到十分内疚；就算借钱也要送孩子去补习班或为孩子请费用昂贵的家教。父母的肩上背负着无法言喻的负担。担心钱、担心子女、担心父母、担心国家等，生活在各种烦恼当中，旁人无法得知的痛苦与背负在肩上的沉重负担，都无法分担给任何人。即使与子女讨论，也无法获得任何帮助，只能独自忍受，默默走在痛苦之路上。但是韩国父母的牺牲并未就此结束，接着还要代替那些已经在职场工作的子女，扮演起祖父母“隔代育儿”的角色，可以说没有一天是轻松的。这样的父母之爱，与其说是奉献，不如说是更接近于献出自己人生的牺牲。

奉献与牺牲的差距

韩国也曾有过痛苦的历史，之后，曾经暗淡无光的韩国经济在短期内出现了令人耀眼的发展。祖父母辈忍受分裂与战争，为了后代子孙流血流汗，经历分吃一颗豆子的时期；我们父母辈努力打拼，成为经济发展的一等功臣；我们这一代与下一代则享受着经济发展的德泽。父母辈和祖父母辈的努力，更接近于为后代的牺牲，而非奉献。这样的牺牲带给我们的礼物是现今我们享受的经济繁荣，成为我们未来的根基。然而，我们几代人之间彼此的沟通却失败了，无法沟通的几代人不能互相理解，也不会彼此关怀。

父母与祖父母为了孩子牺牲一生，不仅没有得到感谢，甚至还听到觉得厌烦的声音。是什么造成了几代人之间的疏离感？逢年过节时，虽然全家聚集在同一个地方，不同辈之间却无法相互理解，也不受彼此肯定。父母为子女牺牲了一辈子，不但价值未获肯定，最后甚至被遗忘。

以下是韩国家庭之间常见的表达方式，若你仔细观察，将会发现，那是单方面的沟通方式。

“你是怎么教小孩的啊！”这句话意味着说话者认为，小孩是父母或大人的财产，可以随心所欲地教育他们。

“大人讲话，小孩还插嘴！”这句话的前提是大人与小孩之间无法对话，存在着上下关系与阶级意识，也证明了大人与小孩之间有沟通困难。

不了解不同辈之间对话方法的大人们，不知道要配合孩子来进行交流。孩子也不知道该如何与大人说话，莫名其妙地被认定是没礼貌的晚辈。

犹太儿童与父母或祖父母对话时，感觉就像朋友一样。当然，必须禁止小孩没礼貌的行为，懂得尊重大人是基本的品格教育。

德隆一想起在“犹太人大屠杀”中幸存下来的祖父就眼眶泛红。身为孙子的德隆非常清楚祖父在苦难中领悟到的教诲是多么珍贵且具有价值。他把这些教诲牢记心中并传授给儿子。犹太父母扮演着不同辈之间沟通的角色，将父母和祖父母的奉献铭刻于心后，再传授给后代子孙。

代代相传的奉献

我有一位犹太朋友卡蜜儿，她在当律师时，曾用领到的第一份薪水买了昂贵的礼物送给父母。她想对父母表达感谢之意，因为他们在艰难的环境中经营餐馆，还替她支付法学院的学费。但是卡蜜儿的母亲叫她立刻把这个昂贵的礼物拿回去退钱:“把你对我的感谢的心意，回报给你的孩子。我的父母也经常对我说同样的话。”

犹太人认为，孝敬父母是重要的美德。十诫中有一条就是“当孝敬父母”。然而，韩国人和犹太人对“孝”的概念并不相同。韩国人认为，孝是针对终其一生为子女牺牲的父母，对为了孩子不惜牺牲一切的父母，那份感激心情，再怎么表达都不为过。虽然在进入职场后，可以用领到的薪水买礼物送给父母，但怎么可能仅用一份礼物就完整传达出自己感激的心意呢？买再好的礼物都是不够的。韩国父母则是对子女上好的大学并找到好的工作感到骄傲及满意，因为他们觉得，这样一辈子的牺牲总算有了回报，因此不断对亲朋好友夸耀子女，乃至时光流逝都浑然不知。

我的犹太朋友心中所想的孝顺却不同。他们会把来自父母的爱和对父母的感谢传承给下一代。相较于“必须还给父母”，他们的概念更接近于“将我从父母那里得来的爱，传承给我的子女，为了创造更美好的未来而努力”。犹太父母在他们父母的教育之下，对子女并无所求。

犹太父母的共同认知是父母对子女奉献。但是，当子女成家立业后，就必须充分了解，现在轮到子女身为父母了，要为他们的孩子奉献。犹太人所说的孝，不是将父母的奉献回报给父母，而是传给下一代，代代相传。

36
妈妈的个人时间不被牺牲

俊宇的犹太幼儿园班有 12 个小朋友。除了我跟另一位妈妈以外，其他全是在职妈妈。许多犹太家庭都是双薪家庭。俊宇的幼儿园同学大部分来自经济宽裕的家庭，那些家庭的妈妈与我想象中不同，她们并非在家做家务，并仅专注于幼儿教育，大多数的妈妈都在职场工作。

美国前国务卿马德琳·奥尔布赖特（Madeleine Albright）就是位犹太职场妈妈。这位曾埋首于家务与育儿的平凡女性，40 岁时才获得哥伦比亚大学的博士学位，后来成为美国史上第一位女性国务卿。大多数生儿育女后的女性都会烦恼要不要继续工作，但是，犹太妈妈在早上 7 点就会把两三个月大的新生婴儿送到托儿所，然后去工作。一开始我觉得这样太过冷酷无情，没有人性，可是犹太妈妈又比任何人都关心教育并爱护孩子。那么，忙碌的犹太在职妈妈是如何教育孩子的呢？

大多数美国犹太妈妈会兼职打工或在家工作。当孩子还小时，妈妈会在家工作，陪伴孩子成长。到了高年级时，妈妈就会转回全职工作。律师、行销、会计等工作，或者一般公司里的各种职务，都可以兼职或在家工作。

住在我们隔壁的茱莉是迪斯尼乐园的员工，但是她在家工作。她说只要家里有电脑和电话，什么事都可以做。每个礼拜只要去办公室一两次，开会与核对工作进度即可。有效率的工作管理，为许多女性创造了工作机会。

不只是犹太人，美国大多数的双薪夫妇都会有效率地分担家务并为家里提供财务收入。越是高效率的社会与职场结构，越容易让更多妈妈有可以工作的机会。

即使犹太妈妈辞掉工作，专心育儿，也不会为了孩子无条件地牺牲自己的时间。俊宇偶尔会要求我在他用平板电脑玩游戏时，坐在一旁陪他。

我的犹太朋友史蒂芬妮有一次看到我用毫不感兴趣的眼睛盯着游戏时，忍不住说："你是因为喜欢那个游戏才在旁边看吗？”

“不，但俊宇喜欢我看着他玩。”

“你这是怎么了？与其牺牲和浪费时间在你不喜欢的事情上，不如找出你喜欢、俊宇也喜欢的事情。即使是父母，无意义地牺牲时间在不喜欢的事情上，绝不是一个健康的心态。看到妈妈眼睛没有灵魂地呆坐着，对俊宇也不是件好事。”

有很多孩子会叫喊着：“妈妈，我好无聊！”这时妈妈就会问：“那要不要玩乐高？要不要玩这个游戏？”然后找些有趣的东西给孩子玩。看到孩子还是觉得无聊，妈妈甚至会因为没办法让孩子有趣地玩乐而感到歉疚。但是史蒂芬妮这么说：“孩子需要一点无聊的时间。我要说的是，偶尔感到无聊是好事。”

如果孩子感到无聊，不要立刻找东西给他玩，应该请他自己找出克服无聊的方法。孩子若是感到非常无聊，必须自己找东西玩，自己找出有趣的事物。**通过思维的改变，可以培养孩子自己做到独立自主，同时学会利用周边的东西来玩创意性的游戏。妈妈也可以做自己想做的事，不必时刻追在孩子后面，**可谓一举两得。

我曾经带着 18 个月大的俊宇，跟先生一起到饭店吃自助餐，但不到 10 分钟就带着哭闹不休的俊宇离开，真是既浪费钱，又浪费时间。犹太人在孩子满4岁以前，不会轻易带孩子去外面用餐，因为幼儿很难享受外出用餐的乐趣。此外，在照料幼儿时，妈妈很难确定饭会从幼儿鼻子还是嘴巴进去。而且幼儿的吵闹不休或啼哭声，也会对餐厅的其他客人造成困扰。派对或聚会等大人参加的场合，最好把孩子托付给保姆或父母后再去。这么一来，大人才可以尽情享受美好时光。如果不方便托付给保姆或父母，最好不要参加派对或聚会，因为不但孩子很辛苦，对父母来说也会是一个非常糟糕的体验。

美国也跟韩国一样，有同龄新生儿的父母会聚集在一起，共度时光及分享资讯。加利福尼亚州各城市提供的多元活动当中，有一个为有同龄幼儿的妈妈定期举行的小型聚会，叫作“妈妈和我”，让妈妈在那里倾吐心中的苦衷并彼此帮助。我会推着婴儿车出去，通常在公园里闲聊一个小时左右。然后到了孩子的午睡时间与用餐时间，简短结束聚会。

反复地牺牲会让妈妈不幸福，而妈妈不幸福会导致整个家庭也不幸福，因为妈妈是决定家庭气氛的核心角色。相对地，高度满足且感到幸福快乐的妈妈会营造一个稳定的家庭环境。让家庭和社会、国家与个人都幸福，同时又能与效率并存的关键，就是妈妈的个人时间不被牺牲。

37

毫不犹豫地管教

俊宇小学一年级时，有一次在午餐时间，班上有几个男孩为了荡秋千在吵架。一个名叫吉诺的孩子推了其他几个孩子，并开始争吵。学校把这当成一件大事来处理，联系了吉诺的父母，与校长面谈过后，校方要求吉诺写一封道歉信。

俊宇同班同学的妈妈麦蔻儿，在旁边正好目睹一切（她和我曾经一起担任助理教师），我忍不住对她说："才5岁的小孩，一起玩当然会吵架啊。学校的反应会不会太大啦？"

但麦蔻儿冷静地回答道："虽然吉诺现在才5岁，但如果这时候没有好好管教他，他可能到20岁都会被校长不停地面谈，甚至有可能入狱。教导他在吵架时控制愤怒的方法固然重要，但最好让他明确地学习到，打人或推人是超出常规的行为，是绝对不被允许的举止，这样不是更好吗？”

后来，吉诺的恶作剧越来越严重，学校最后判定吉诺有自闭症，让他寻求专家的帮助。

美国社会明确规范原则与秩序，并严格教育儿童遵循。犹太人一向崇尚自由表达并重视个性，这对他们来说是件困难的事。实际上也经常看到刚开始接受美国义务教育的犹太儿童难以适应。但是，犹太父母教导他们，必须学习社会的秩序。孩子越大，越会遭遇更大的障碍，因此必须鼓励孩子接受并学习这一切。刚开始遭遇困难的孩子会逐渐了解学校生活的规范，并自然地遵循规则。

犹太父母会教导孩子要懂得等待，若孩子在公共场所哭哭啼啼耍赖，会告诉孩子在游乐场所与其他孩子和谐玩耍的规则。告诉孩子如果想要溜滑梯、荡秋千，但不知道如何等待，将成为大家的公敌。

教导孩子为人处事原则的过程也非常重要。因为没有原则地宽容会让孩子动摇且感到不安。像我在孩子挑食或在用餐时间不吃饭时，总是拿着饭碗追着孩子跑，但犹太妈妈会毅然决然地让不吃饭只顾着玩的孩子挨饿，完全依照原则与规范行事。

我周围的犹太父母都认为，身为父母也要懂得等待，这跟教导孩子要学会等待一样重要。父母以此目的为出发点，在管教孩子时，便不会心生动摇。犹太父母也会看着新生儿的眼睛说:“虽然你饿了，但还是要稍微等一下哦！”

犹太父母一旦下定决心要管教孩子，他们会毫不犹豫，并且视情况予以体罚。因为他们认为，如果孩子的行为有偏差，不加以纠正，放任不管，就是父母未尽自己的责任，这跟不爱孩子没什么两样。

父母必须建立原则与规范的界限，超出界限的行为，必须严格自制。我们总是认为“孩子年纪还小不懂事，大一点就好了”。但是犹太妈妈认为，如果管教不趁现在，就太迟了，如同扶植好幼苗，小树才能长成大树的道理一样。

寻找聪明的管教法的智慧

管教孩子最困难的课题是决定何时应该宽恕，以及何时必须加以管教。有时候很难判断，究竟要容忍到什么程度，以及何时要狠狠教训一顿。选择管教孩子的方法也常让父母苦恼不已，因为每个孩子的性格都不一样，必须根据孩子做错事的轻重程度，区分应该轻声放过，还是大声训斥。

有一天，俊宇决定与朋友利亚德骑自行车去公园。虽然利亚德应该与俊宇轮流骑自行车去公园，但他一直在耍脾气。于是他妈妈蕾莫严厉地教训儿子，看利亚德完全不听话，就对他发出最后通牒:“你如果继续耍赖，今天就不能一起去公园！”

利亚德始终不听妈妈的警告，蕾莫毫不犹豫地关上了大门。

我的犹太朋友说，孩子一旦做出伤害他人的事，或是从事危险活动，乃至做出违反常规的事情时，就是需要管教的时刻。许多父母在必须严厉责备孩子时，用宽容的心表示理解，甚至还觉得手足无措，想说连这种小事也要大发雷霆，转过身后又感到后悔。若在应该好好管教的时机，发挥了这种不合理的同理心，从那个时刻起，孩子就会养成坏习惯。

犹太父母一旦下定决心要好好管教孩子，就会以严厉且坚决的态度来管教。对于坏习惯、危害别人的事、危险的行动，决不纵容。做错了什么事，错了多少，都会如实地加以说明。如果孩子不是犯下太大的错，最好用说明来管教。但是，如果孩子的行为有问题，并且需要改变，父母就必须立即做出决断。

当父母管教孩子时，遣词用字必须留意。有一句犹太谚语说:“应该由心来操纵舌头，而不是由舌头来操纵心。”犹太父母在斥责孩子时，不会混杂情绪破口大骂。实际上，在管教孩子时，很多愤怒的父母会使用混合着不耐烦的抽象用语，情绪化地进行管教，像是:“你这个没用的家伙！居然做出这种愚蠢的事？你怎么这么没脑子？”孩子在与父母的情绪抗争之下，会感到害怕、不知所措，或是变得叛逆，并且忘了自己究竟做错了什么。这样除了造成孩子的不安感与反抗心之外，一无所获。

怒火中烧的父母会说出无心又苛刻的言辞，这对孩子造成的伤害远比想象中更大。孩子可能会真的变成一个无用的人，变成傻瓜，成为一个想法浅薄的人。父母说的每一句话，都像匕首一样插在孩子的心上，直接影响孩子的成长。

这是俊宇在上幼儿园时，某一次犹太节日活动中发生的事。那天，在吃零食之前，孩子排队等着洗手。俊宇看着在他面前插队的朋友埃利，气得脸都涨红了。就在我正苦恼不知如何训斥插队的埃利之际，杰克的妈妈爱咪看到了，她直接走向埃利："埃利，你没有看到站在你背后的俊宇吗？俊宇比你早来，而且等很久了，你到后面排队去吧！"

换成是我，会怎么说呢？可能会严厉地质问他："你为什么在别人前面插队？"但是不会责骂他吧。

我在担任助理教师时，经常需要管教孩子，偶尔也会忍不住发火。但是**我从犹太父母身上发现，他们在斥责孩子时，绝对不会用谴责性的话语伤害孩子。每当必须好好管教孩子时，他们会尽量用正面的表达方式，而不是用负面的方式处理，**尽可能通过诙谐又宽容的态度来纠正孩子的行为。

另一件犹太父母认为在管教时非常重要的事情是态度一致。即使孩子犯了相同的错误，也可能因父母情绪的不同而被不同对待。例如心情不好的父母无法控制自己的情绪，就会大声斥责并且发火。我的犹太朋友劝我在管教孩子之前，若因太过愤怒、无法控制发脾气，最好先避开，先让自己的情绪稳定下来。不受情绪影响的管教，才有明确的原则及标准，不会经常标准不一。父母不随意更改管教的原则，才能具备明确的态度，应该被宽恕的事，才会明快落幕。

俊宇在读幼儿园时，某一天，刚睡醒午觉的孩子情绪非常不好，其中又以科尔的状况最差。刚好科尔的妈妈为了接他放学来到了教室，但整个人显得很烦躁的科尔，不但对着妈妈哭哭啼啼，最后还在老师和其他家长众目睽睽之下，打了妈妈一巴掌。科尔是该地区著名的犹太拉比的儿子。我忍不住心想："幸好她没有火大起来还儿子一巴掌。"

"你怎么能在大家面前打妈妈一巴掌？你怎么能让我这么丢脸，怎么能让爸爸名誉扫地呢？"如果是我的话，可能会这么说。进一步想，要忍住涌上心头的满腔怒火，几乎是不可能的事。撇开孩子的错误不谈，父母本身要调整情绪也相当困难。难以容忍的怒火最终会变成对孩子进行怒骂，孩子会被羞辱，自尊心也会受到伤害。

然而，科尔的母亲丹妮耶拉的情绪完全未受到干扰。她握着科尔的双手，对他说明他做错了什么事，为什么以后不可以再做出这样的行为。这是冷静又坚决的管教。丹妮耶拉通过对话与说明来管教科尔，以不受情绪左右的一致性态度来说服孩子懂得明辨是非。当错误行为出现时，为了将孩子的态度转换成良好的能量，父母的管教有必要借着以身作则展现出来。

犹太父母认为管教孩子很重要的另外一点是，他们不希望孩子盲目服从。制定原则与规范时，父母不会单方面做决定。但他们会通过对话，让孩子了解什么是危险或危害他人的事，并且说明违规的代价，以及长大之后，必须付出更沉重的代价。犹太父母在管教时，也会举自己的经历或实际案例，详细与孩子交谈，并试图努力让孩子理解，为什么犯错应该悔改，最重要的是不要重蹈覆辙，他们以传达智慧取代压制，并让孩子自我反省。

若想改变孩子的行为或态度，父母必须先做出改变。想想自己是不是对无关紧要的事反应过度，或是因为其他事情感到烦躁，然后拿孩子出气，父母必须先控制自己的情绪。无论如何，当看到孩子的行为逾矩时，父母必须努力做的，就是一定要好好纠正。管教孩子时，最重要的是找出适合孩子特质，并且符合事情轻重的聪明的管教法。因为如果父母不帮助孩子改正错误行为，最终将演变为重大问题。

38

右手处罚，左手拥抱

和解比战争更为重要。严厉管教年幼的孩子之后，舒缓他们的心灵是非常重要的。特别是在孩子上床睡觉之前，将他们心里留下的芥蒂清除掉，尤其重要。

一般而言，犹太父母在孩子入睡之前不会责骂他们。即使白天发生过什么不好的事情，也要全部抛诸脑后，快乐入眠才是重要的事。

有一句犹太人的谚语说：“用右手处罚，并用左手拥抱。”对于孩子受到责罚后受伤的心灵，犹太父母会抱抱孩子，让孩子感受到亲情。孩子若能确切地感受到父母的爱，便能够自我承诺：“嗯，我不应该再这么做。”

或许有些父母会认为:“父母对孩子的爱是理所当然的，非得用这么肉麻的方式表达出来才行吗?”对孩子来说，父母表达出他们满满的关爱和亲情是非常重要的。每个瞬间都确切感受到信赖与亲情，这将会成为一个重要的支柱，帮助孩子以正确的态度步入正途，而温柔的拥抱正是表达亲情的最有效方式。

我的犹太朋友蕾莫生产时，医院在婴儿出生后做的第一件事，就是将婴儿放在妈妈温暖的怀抱里。当时，蕾莫也教会了害羞的俊宇，如何好好拥抱。

那就是双手将对方拉入怀中之后，心中默念十秒钟。如此努力表现出的拥抱，是表达亲密感和亲情最确切真实的方式。

犹太父母即便严厉责罚了孩子，当他们斥责过后，也一定会轻轻舒缓孩子的心灵。若是父母已经好好斥责过孩子，虽然没有多做任何说明就抱抱孩子，或是说个简单的笑话来排解孩子的情绪，孩子也会全部记住，并且知道自己今天为什么受到责罚，以及父母想要教给自己什么。

孩子并不完美

许多父母都幻想自己的孩子是完美无缺的。由于成长环境的特殊，我也期待俊宇像美国孩子般理直气壮，像犹太孩子般能言善辩，像韩国孩子般彬彬有礼。父母自己都做不到的事情，却强求孩子做到。

如果父母都不能做到完美，孩子怎么可能完美？完美无缺是父母的期望，也是幻想。

我只想让自己的孩子像其他孩子一样平凡、正常地长大。如果不太正常，只要让人放心就好。那么，什么样的孩子才算有问题？

不好好吃饭的孩子、怕黑而晚上不能独自睡觉的孩了、缺乏自信的孩子。或是刚好相反，话太多又大嗓门的孩子、会霸凌其他孩子的孩子、遭受霸凌却只会忍耐的孩子、即便努力用功成绩也不见起色的孩子……现代父母认为的有问题的儿童，种类竟如此繁多。

犹太父母一致认为："判断自己的孩子是否不正常，必须认真思考，其关键在于，孩子的问题是否会伤害到他人，是否会阻碍他的社会生活，以及学校老师是否会对这个问题加以斥责等。"

因为，在许多情况下，父母是在过度解读孩子在正常成长过程中表现出来的行为。大多数父母要求孩子做到连父母自己都做不到的事。例如，要求还不太疲倦的孩子去睡觉；要求孩子一放学回家就必须写完作业；要求孩子即使心情不好，也不能发脾气，应该和颜悦色地说话。

父母必须明白，这样的要求无关乎完美或者正常，而是父母过度的期待。父母本身都不曾做到、也无法做到的事，不应该强迫孩子做到。在期待孩子改变之前，父母必须先自我改变。

许多教育工作者和心理学家均表示，成长中的孩子偶尔做出一些逾矩行为，是很正常的现象。父母应该帮助这些做了点坏事的孩子，学习如何忍耐，或是让他们将做坏事的精力，转移去做别的，这才是父母应该扮演的角色。

不过，这并非意味着父母应该压制孩子，或是定下严格的规矩来管教孩子。首先，父母必须了解孩子的性格和特质，接受孩子的极限，以培养孩子可以正确立足的能力，并成为孩子强而有力的支柱。

他们生出了你，你妈咪和爹地。

也许不是有意，但事实如此。

他们把自己的毛病塞给你，

再加点儿别的，特意为你。

——英国诗人菲利普·拉金（Philip Larkin）

这是首让人忍俊不禁的诗，由于它隐含着深意，也引发了许多父母的反思。

如同这首诗所说的，虽然父母并非有意，但是他们可能会去做他们叫孩子别做的事。有时，父母会基于很久以前的经验，或是从别人那里听来的坏例子，就将孩子单纯的行为放大解释。

在看韩国电视节目《我的孩子改变了》的时候，我总觉得像是在说自己孩子的事。即使是寻常不过的行为，一旦父母戴上有色眼镜来看，孩子就变成了问题儿童。

父母若是幻想拥有像天使般完美的孩子，将让孩子陷入困境。这种所谓完美的幻想，不就是我们对孩子的过度要求吗？

孩子不完美是十分理所当然的。

PART

6

我的犹太朋友不会虚张声势

脸书创始人扎克伯格经常穿着灰色的短袖 T 恤和帽衫，还在自己的脸书里公开他挂着几套相同的灰色 T 恤及连帽夹克的个人衣柜。他在许多访谈与演讲中阐明自己想尽量简单生活，把苦恼要穿什么衣服的时间拿来专心工作的想法。他说："我没有精力去浪费与思考别人对我的看法。"

他出生于 1984 年，以 30 岁出头的年龄创始并领导着脸书这个大企业。他虽然年纪轻轻就获得了成功，但并不骄傲自大；身为公司的老板，却在与一般员工相同大小的办公室里工作；尽管事业成功，获得了巨大的财富，却总是穿着同样的衣服！扎克伯格以不虚张声势的智慧，为了创造更美好的世界身先士卒，在我们这个时代传达正面的信息，他也是一个犹太人。

39

不会虚张声势的智慧

我们家一搬到加利福尼亚州，俊宇就参加了由犹太幼儿园举办的夏令营。在营地里，当俊宇的生日派对结束后，参加安息日活动时，拉比对孩子讲述了一个关于“挪亚方舟里的鸽子”的有趣故事。

挪亚根据上帝的旨意建造挪亚方舟，在将动物带到方舟去的那一天，长颈鹿说：“我必须最早搭上方舟。因为我的脖子最长，在方舟上我可以探查远方。”

接着大象说道：“你一定需要我，我有最庞大的身体！”

然后河马说道：“我最胖，而且我有最大的嘴巴！”

鳄鱼随即把嘴巴张得大大的，说道：“我觉得你的嘴巴好像不是最大的吧？”

狮子则说：“我是丛林之王！”

鹦鹉接着说：“我可以跟人说话，可以和人做朋友！”

动物们涌向挪亚，各自吹嘘着自己的长处。这时，挪亚询问待在角落里的鸽子：“鸽子啊，你的特色是什么？”

“我没有什么特别之处。我只是只平凡的鸽子，如果有需要我的地方，我就会做好自己该做的事。”

鸽子就待在挪亚方舟尽头的角落。有一天，挪亚和动物们在讨论要如何出去确认洪水是否已停止，曾经争先恐后地吹嘘自己有多特别的动物顿时都成了哑巴，没有一只愿意挺身而出。

这时，待在方舟最末端的鸽子说话了。“因为必须有人出去查看，所以我去看看再回来。”

在洪水过后40天，鸽子衔着橄榄枝，带回了好消息。“和平了！我接收到了和平的信息。有一个比以往更宽敞、更美丽的世界存在。我们在这五味杂陈的方舟里度过了40个昼夜，应该可以出去了，而且也能轻易和平共处吧？我看到了彩虹！我们获得了和平！”

上帝在挑选由谁来传递信息时，陷入了苦思。

最后上帝选择的不是体积最庞大的动物，不是力气最大的动物，也不是最会说话的动物，而是一只平凡的鸽子。

没有什么特色的鸽子，就像你我一样平凡，只有在合适的位置才能发现它的重要。

注重内在、不看表象的犹太人

面子这种肉眼看不到的东西，是无法以金钱衡量的昂贵。然而，若是仔细观察，以昂贵的金钱去购买面子的人，最后会发现，一切都是虚妄。面子，它的别名就叫“虚张声势”。

犹太人朴实又节俭。节俭的习惯是不浪费时间和精力在虚荣上面，例如衣服、外表和饮食生活都不会逾越过度，对再小的事情都会表示感谢，着重于内在踏实胜于外表。

有一天，我和在加利福尼亚州担任律师的犹太朋友寇特妮带孩子一起去麦当劳。孩子一边吃着汉堡，一边兴高采烈地在一旁的游乐场玩耍。寇特妮除了是个律师，也是加利福尼亚州地区几所大学法学院的讲师。她忠实地呈现出犹太人的特性，完全不花费心思打扮，外表的装扮非常随意。

一名韩国女性与从头到脚精心打扮的两个女儿一起，携带着名牌包包，坐在隔壁桌。我们因发现对方是韩国人而感到开心，很自然地打过招呼后，她说她先生是美国人，并且在谈话时，屡次强调她先生是白人。我不能理解在这个除非必要、否则不喜欢谈论种族相关话题的美国社会，这位韩国女性一直强调自己的先生是白人的意图。而且我们在用韩文交谈的过程中，我隐约感觉到她轻视穿着随意的寇特妮。

“你朋友的先生是从事什么工作的？孩子和妈妈的运动鞋太旧了！”

我偷偷回答她：“虽然外表不太打扮，但在告诉你她先生是做什么的之前，我必须要讲，我朋友积极参加以色列慈善捐赠团体的活动，而且她本人是个律师。”

犹太人认为，太过装饰外表，反而是在隐藏内在的丑陋。犹太人外表的打扮虽然不华丽，但头脑里充满了智慧；尽管穿着老旧的运动鞋，却会为了公益慷慨解囊。他们会致力于积累实力，更胜于汲汲营营地去积累经历与资格证照。

据说罗斯柴尔德家族的纳森·罗斯柴尔德虽然拥有巨大

的财富，却不穿一件绅士们流行的服饰。曾任英特尔执行长的安迪·葛洛夫、脸书创始人扎克伯格都没有专用电梯或个人办公室。尽管他们已经拥有了天文数字般的财富，却不过奢华的生活，也不会将钱花在毫无意义的地方。

俊宇的幼儿园同学马太，每天早晚由爸爸负责接送上下学。热情的马太的爸爸格雷与我很快成了朋友。尤其是早上，看到马太的爸爸穿着乱乱的运动服带着孩子来上学，我有时候也会产生怜悯之情。马太的爸爸也会参加幼儿园的各种活动。

有一天我们应邀请参加马太的生日派对，前往马太的家。马太的母亲凯瑟琳介绍自己是一名律师，她美丽的外表加上有教养的谈吐，给人近乎完美的感觉。我又跟坐在角落的马太的祖父打了招呼，他介绍自己年轻时曾在中国教英语。后来因为参加玩耍日的缘故，我有机会在马太家与马太的爸爸多谈了一下。格雷说他是在普林斯顿大学攻读的政治学，也是范德堡大学法学院出身的律师，下个月开始在一家律师事务所工作。

几天后，我在报纸上看到有关格雷家庭的报道。这是一篇采访某律师事务所执行长的报道，该执行长对开始在律师事务所工作的格雷表达感谢之意。因为直到上个月为止，格雷还在担任美国进出口银行的副总裁。原本我以为马太的祖父只是个英语老师，没想到他居然曾任美国田纳西州的国会议员，而且在克林顿政府时期，担任过驻华大使。

我的脑海中浮现出从不在我面前摆阔、也不曾自以为了不起的格雷家庭。曾任美国进出口银行副总裁的格雷在日常生活中没开过名车，也不穿昂贵的名牌服饰，让我一度以为，他是一个没有工作的全职煮夫兼爸爸。

如果是我，会怎么表现？“我曾任美国进出口银行副总裁，我祖父曾经是美国田纳西州的国会议员！”我可能会在初次见面时就如此大肆宣扬。我的亲朋好友之中，有人为了购买新的进口轿车而举债；身上可以没有午餐钱，但一定要有手机；有的年轻女性视整形手术如同感冒打针一样；子女念的大学可谓是自己家庭的门面；尽管银行债务堆积如山，也一定要每年到海外旅行一次，并在“个人博客”与脸书上传照片通知亲朋好友。许多人被展示自己给别人看这件事所束缚。然而，以名牌华服打扮外表的这些人，当人们去端详他们的内在时，大多数是空无一物。

犹太人即使很有钱，也会花在刀刃上，不会浪费。我周围大多数犹太人还在用掀盖式手机，他们认为换手机的时间和金钱都是一种浪费。

我的犹太朋友亚龙和斯格列特夫妇有三个子女，拥有一辆车。在美国，无论是到学校还是补习班，所有场所都必须借助汽车来移动，斯格列特等同于四个人的司机：每天早晚都要跑一趟先生工作的大学、女儿的高中、儿子的中学和小女儿的小学。虽然生活有所不便，但这对夫妇过着俭朴的生活，为了孩子的大学学费与未来，他们认为储蓄比什么都重要，可是他们对与孩子一起旅行的花费却毫不手软。因为他们相信，旅行经验对孩子是最好的教育。

我的另一位犹太朋友大卫，则是一位成功的事业家。他捐款从不落人后，又很乐于帮助有困难的邻居。有一天在大街上去一家餐厅，他看了菜单上的金额后，毫不犹豫地转身走了出去。他说他只想简单地解决晚餐，不想花冤枉钱在昂贵的食物上。他认为凡是用于吸引别人注意力的钱，就是冤枉钱。

犹太人相信，必须从小开始教导孩子养成勤俭节约的习惯。一个人若没有储蓄的习惯又总是浪费金钱，是没有机会聚集财富，或抓住金钱所赋予的机会的。因为赚钱固然重要，但更重要的是勤俭和储蓄。

40

不工作的人没饭吃

“一个国家的富强，来自于国民的劳动。”这是犹太复国主义创始者兼思想家西奥多·赫茨尔的名言。以犹太复国主义为基础所建立的以色列，在建国之后首先推动被称为“基布茨”（Kibbutz）的农业改革，这是一种集体农场，是共有共享的社会主义生活方式。犹太人非常看重不需要任何人教导、自发性的劳动价值，而他们发现的生存法则，就是劳动。

某一天晚上，伴随着闪电和打雷，下起了倾盆大雨，在变得冷飕飕的天气里，我到蕾莫家去喝咖啡。当我到达时，蕾莫正在给出生两个月的二儿子喂奶，小婴儿因无法好好吸到妈妈的乳汁啼哭着，妈妈居然对他说：“不工作的人没饭吃！”我看到蕾莫对才巴掌大的新生儿说出这么严厉的话时，脑海里不禁浮现出这个念头：“果然是犹太人啊！”犹太人从小就被教导，想获得什么东西，就必须付出对等的代价。

蕾莫告诉我，在昨天雷雨交加的夜里，她先生德隆为了关掉洒水器（自动为草坪洒水的机器），特别冒雨出门。因为是下雨天，关掉洒水器可以节省水费与电费。我实在无法置信，一位经常动手术到很晚才回家、非常会赚钱的整形外科医生，会为了节省水费与电费，在下着倾盆大雨的夜晚跑出去。但是德隆从小接受犹太父母的教育长大，这点辛苦根本不算什么。

犹太父母会让孩子从小就分担家务，教导孩子劳动的价值。通过简单的劳动，孩子从小被教育要有责任感。因为他们相信，从小就培养起的责任感，可以让孩子克服成长过程中所经历的各种逆境，并进一步产生自信。孩子若有适当的劳动，就能了解自己不单单接受来自父母的爱，也是父母所需的人，这样的认知可以赋予孩子“别人也需要我，我也可以帮助别人！”的信念。

并非父母替孩子的未来积攒了许多财产，孩子的一生就会平安顺利，因为唾手可得的财产容易在领悟到其价值之前就被挥霍殆尽。比起金钱，犹太父母会更用心积累智慧给孩子，因为金钱很快就会消失，但自幼铭刻于心的智慧可以受用一生。犹太父母教导孩子劳动的价值，这样的智慧将成为孩子披荆斩棘去开拓未来的力量。若只要孩子平安长大，却未培养其独立性，导致孩子长大了也找不到适当的工作，那么这个负担就会完全回到父母身上。聪明的父母会让孩子自己经历、克服困难、接受劳动的价值，并且从中协助孩子发掘自己的能力。

最好的遗产是积累财富的智慧

在 18 世纪前，以法国为首的几个欧洲国家会将姓氏卖给犹太人。过去只有名字没有姓氏的犹太人可以用高价获得好的姓氏。没有钱的人则只能购买含有负面意义或可笑的姓氏。经济能力决定了姓氏，后代子孙也不得不加以继承。这种痛苦的经验，促使金钱的必要性在犹太人的心中深植。犹太人的理财能力便是自幼接受家庭教育的成果。

即使父母拥有很好的职业且经济富裕，他们也不会让孩子过得太过富足。他们教导孩子过俭朴的生活，以及明白劳动的重要性，并且教育孩子对有限的金钱进行有效管理与支出。犹太父母教导孩子的所有经济教育，都将成为孩子长大后理财的智慧。犹太人留给孩子的遗产不是金钱，而是积累财富的智慧。

美国境内的犹太人占其人口比例不到2%，但是他们的财富占美国国内总资产的很大一部分，这正是犹太人理财教育的结果。

犹太父母教育孩子不要成为金钱的奴隶。这不是要人无视金钱的存在，而是既不要盲目崇拜金钱，也不能轻视金钱。犹太人有句谚语说："拥有很多的财产，可能会让人忧愁。但完全没有财产的人，忧愁更多。"这句话是说，钱是成就人生一切的必要工具，这是非常重要的认知。

41
以谦卑的方式聚财的智慧

全世界有许多成功的犹太人。居住在俄罗斯、东欧、西欧、非洲等地的犹太人只要定居在新的地点，就会成为该区域社会的领导者，飞黄腾达。

我与先生在交往时期，只要谈论到犹太人，大部分都跟罗斯柴尔德家族有关。国际金融企业家梅耶·罗斯柴尔德，是一位对欧洲政治与经济影响既深且广的知名犹太人。他的五个儿子在欧洲各国开设银行，对当地政府极具影响力。最重要的是，罗斯柴尔德家族可以说是以色列最强有力的支持者。成功非凡的罗斯柴尔德家族不忘祖国，他们全力支持，这样的举动，更彰显出其伟大之处。身处世界各国的犹太人成功的秘诀，或许可以从罗斯柴尔德以下的故事中找到答案。

梅耶·罗斯柴尔德积累了巨大的财富，与当时的奥地利皇帝弗兰茨·约瑟夫是莫逆之交。皇帝偶尔会派他的政府官员去罗斯柴尔德著名的豪华大宅。罗斯柴尔德的住所不仅是奥地利，更是全欧洲最高级的豪宅，每个人都想目睹它的美丽与气势。有一天，皇帝派了他的重要官员来参观，罗斯柴尔德让前来参观豪宅的官员一一观看，这位官员对这座金碧辉煌、装饰华丽的豪宅感到敬畏。

但梅耶·罗斯柴尔德在经过某个房间门口时，却并未停下脚步。因此这位官员很好奇房间里面有什么，希望能打开给他看。然而，梅耶·罗斯柴尔德说很抱歉，这个房间是唯一不能参观的地方。

于是这位官员问道："我非常好奇为什么不能参观？我想看看这座美丽豪宅的每个角落。"但梅耶·罗斯柴尔德说完"没有办法"后，就继续前行。结束参观后，官员回到皇帝的宫殿并报告了自己的所见所闻："罗斯柴尔德的豪宅是一个超乎想象的美丽的地方。但有一个地方，梅耶·罗斯柴尔德说绝对不能看。"

皇帝问道："那是什么地方？"

"我不知道。但是皇帝您也知道，犹太人不是拥有巨大财富吗？也许在房间里有一台会造钱的魔法机器，我认为说不定这就是罗斯柴尔德成为富豪的原因。"

皇帝不确定是否该相信官员的话，因此决定派另一位官员去罗斯柴尔德家。但第二个官员的遭遇相同，无功而返。第三位和第四位也一样碰壁，皇帝被勾起了好奇心，决定亲自去拜访罗斯柴尔德。

皇帝也获得了相同的款待，当走到禁止进入的那个房间门前时，皇帝想进去看看里面有什么。梅耶·罗斯柴尔德说："这是唯一无法展示给您看的房间。"但是皇帝不接受，最后梅耶·罗斯柴尔德拿来钥匙，打开了秘密房间的门。门一打开，皇帝环顾四周，被自己看到的东西吓了一大跳：在那个小房间里，放着一个用小松树做成的箱子，旁边桌子上放着一块白布，除此之外没有其他物品。

皇帝问："这些都是什么？"

"我们犹太人的葬礼仪式非常严格。"梅耶·罗斯柴尔德回答。他继续说明："当有人死亡时，我们会用一棵非常质朴的松树制成棺材加以安葬。尸体则用白布包裹起来，这意味着上帝创造的万物皆平等，无人能用昂贵的棺材或穿着奢华的寿衣入棺。即便我们中某些人过着无比富裕的生活，抑或在贫困中承受着痛苦，但我们在死亡面前都是平等的。”

“可是为什么要在房间里放这些东西？”皇帝既惊讶又非常困惑地问道。

梅耶·罗斯柴尔德回答说：“每天结束后，我都会来到这个房间，看看棺材和寿衣，这让我时刻记住，即使我拥有巨大的财富与权力，我只是上帝众多的创造物之一。我就像上帝所有其他的创造物一样，终有一天会到达人生的尽头。我每晚都会来到这个房间，提醒自己要谦虚，不要自满。”

富有到足以支配欧洲的梅耶·罗斯柴尔德是如此谦逊，皇帝惊讶得无话可说。从此以后，皇帝对罗斯柴尔德的尊重更胜以往，不再质疑罗斯柴尔德的真诚与正直的人品。

优越感从与对方的比较中产生。当我听到“大企业家”这个词时，脑海中浮现的是像罗斯柴尔德这般人物的生活。可是，我们看到所谓的“现代大企业家”，不过自认为比别人学识渊博，拥有更多，就不懂得为别人着想，甚至轻视别人。不只是罗斯柴尔德，我见过的大部分成功的犹太朋友，从未失去谦逊之心，完全配得上“大企业家”的称号。

充满智慧地消费

我以前对犹太人的偏见是既吝啬又小气。似乎是因为在莎士比亚的《威尼斯商人》中登场的犹太人，多半是毫无人性的高利贷者，这样的形象深入我心之故。但是我的犹太朋友打破了这种成见。

犹太人很会花钱。“很会”不是指花很多钱，而是指会将钱财合理用在适当的地方。犹太人如果判断钱是用在非花不可的地方时，就会毫不犹豫、毫不吝啬地花钱。举例来说，他们在为生儿育女的妻子购买有意义的礼物，或是向感恩的朋友赠送昂贵的礼物时，花钱毫不手软。犹太人有时候会将孩子托付给保姆，自己去餐厅吃饭，条件可以的话，也会购买昂贵的机票去旅行。

当然，犹太人在生活习惯上十分勤俭节约，不会让消费超出自己的经济能力。他们觉得超出自身经济能力的消费是一种浪费。不过，犹太人会明确区分节俭与小气之间的差异，他们节俭但不小气，会保持消费的均衡。

“我几年前不是送过你这个？不看看我去年帮了你多少忙！”有些人帮助了他人，希望得到他人的回报或听到对方的感谢。犹太人也会在自己能力所及的范围，积极主动地帮助他人。但他们若在经济上帮助了他人，就不会主动亲口提起，这也践行了《塔木德》所说的“别人赞美我固然很好，但是不要自己称赞自己”这句话。

42
引导孩子树立理财观念

罗斯柴尔德家族不只住在德国，还散居在英国、法国、意大利、奥地利等欧洲各地。虽然有许多关于他们的阴谋论与不为人知的故事，但是欧洲大部分历史都与罗斯柴尔德家族有关，这是不辩的事实。

有句话说："富不过三代。"那么历经了七代、将财富代代相传的罗斯柴尔德家族，究竟是怎么办到的？自梅耶·罗斯柴尔德开始，整个罗斯柴尔德家族对欧洲政治、经济产生了重大的影响，他们有自己的明确哲学。

首先，如同他们的族徽（被皇冠捆绑着的五支箭）一般，此家族强调家庭成员的团结合作。折断一支箭很容易，但是要将捆绑成束的一把箭折断就不那么简单了。这也传达出一个信息：罗斯柴尔德家族的5个儿子不会自以为是、彼此竞争，而是会同心协力。

其次，即使已经拥有极为可观的巨大财富，他们也不失谦逊，无时无刻不致力于积累实力。

最后，由家族代代相传而来、具有犹太特色的生意经，是成就罗斯柴尔德家族的最大武器。有些人稍微赚了一点钱就虚张声势，随即浪费掉赚来的财富。如果父母是财阀，后代子孙更是享有绝对的权力，可以随心所欲地生活，也很容易散尽家财。然而，罗斯柴尔德家族至今仍然不断努力创造更多财富，并且认为相较于创造财富，守住财富更重要，也更困难。

罗斯柴尔德家族从18世纪后半叶开始崭露头角，如今并未成过眼云烟。他们正在加快脚步适应时代变化，现在仍在全球提供金融相关服务。此外，他们也为弱势群体持续推动慈善事业。犹太人特有的生意经与正确的经济教育，正是罗斯柴尔德家族的最佳资产。

在家自学的经济教育

犹太父母会对子女从小进行经济教育，成果可能如同树木的果实般，需要花费长久的时间。总之，犹太父母致力于从小建立孩子正确的金钱观，以期待将来能够结成累累硕果。

我的犹太朋友说，经济教育越早进行越好。小时候，我的父母没有让我有可以接触到钱的机会。“跟小孩子谈什么钱？”我的父母这么说。或许他们害怕与单纯的小孩子谈论与金钱有关的话题，会让孩子变成势利小人吧。他们总是教导我：“不用担心钱的事，好好念书就好！”但是，我的犹太朋友从小教育孩子必须具备正确的金钱态度。

有句犹太谚语说：“贫穷虽不可耻，但也不光荣。”人为什么需要钱，为什么必须重视金钱，这点必须让孩子从小有正确的认知。住在各地的犹太人，认为值得相信的，只有智慧与财富。犹太父母会对刚满周岁的孩子说有关金钱的话题，还会给孩子零用钱。他们相信，长大成人再接受金钱教育，就太迟了。“三岁定终身”这句话一样适用于金钱的观念。从小养成的钱财观与习惯，会持续到成年，甚至终身，因此，必须从小树立良好的理财观。

在家对孩子进行经济教育时，父母的目标不外乎两种，那便是培养孩子具备条理分明的用钱能力与储蓄的习惯。刚开始对孩子进行经济教育时，要引导他们将手上50%左右的钱，为了未来储蓄起来。接着针对一定额度的金钱，依据什么是必须花费的，建立支出计划。在这个过程中，最重要的是要接受：有些东西是自己想买但无法买到的。即使是一个成年人，也不是想买什么，就一定都可以买到。如果不懂得调整，就容易浪费，不断重复地浪费，最后就会造成悲惨的结果，因此必须明确教导孩子从小具备调整购买欲的能力。

有些犹太朋友在孩子成长到某个阶段时，会帮他们买股票，为的是教导他们什么是股票，以及如何管理股票。若是孩子能够学习如何计算股票涨跌的收益，自然而然就会学到财务管理与金融。长期担任美联储主席的亚伦·格林斯潘，从5岁开始就从爸爸那里接受有关股票与债券的教育；投资之神巴菲特、金融巨鳄乔治·索罗斯也说过从小树立聪明的理财观很重要。如果能确切明了钱该用在哪些地方、何时用与如何用，以及金钱为什么很重要，就能为孩子在成长时具备正确的财务观念打好基础。我的犹太朋友卡蜜儿是金融专业的律师，针对犹太人的生意头脑发达、大富豪特别多的原因，做了以下说明。

“犹太人从小就使用数字。在与父母、朋友和同事对话时，习惯用数字来具体陈述，而非抽象表达。我在从事金融专业律师工作时，领悟到了这种习惯对我有很大帮助。不但更能掌握数字概念，还加快了思考和判断的速度。”

事实上，我看到俊宇的犹太同学们，从小就使用很多数字。他们不会抽象地说：“今天天上有好多云！”而是在说话前，先数数肉眼看得到的云团后，说道：“俊宇啊，今天有12团云。昨天只有6团，一天之间变成了两倍的云呢！”

他们不会说“油价上扬”，而是说“上星期油价是多少，今天是多少，这段时间上涨了多少”。所以犹太人不会说“三十几岁、四十几岁的大叔或大婶”，而会说出诸如35岁、42岁这样具体的年龄数字。这些生活习惯让数字自然地被运用在生活中，他们在反复使用数字的同时，也不知不觉间在接受关于经济学的启蒙教育。

43

分享的意义——修补世界

俊宇："妈妈，今天在哈达萨聚会中遇到的爷爷奶奶，他们的孙子孙女生病了住在以色列的医院吗？"

妈妈："没有啊，他们在美国出生，他们的子女也很健康地生活在美国各地。"

俊宇："那么今天他们为什么要收钱，并且把钱送到以色列的医院？"

妈妈："他们都是犹太人，想帮助祖国以色列医院里需要帮助的孩子。"

俊宇："不是自己的孙子孙女，也不是朋友，为什么要给别人钱？"

我受到犹太朋友寇特妮的邀请，参加一个迎接犹太光明节的慈善众会。“哈达萨”是犹太女性复国主义（以在巴勒斯坦地区建立犹太人国家为目的的民族主义运动）慈善团体，由在美国各地的会员成立小组进行活动。寇特妮说她从小就跟着妈妈一起参加这个聚会，每人都会购买18美元的入场券。聚会的所有收入都会转给Sarah Westman Davidson医院。位于以色列的这家医院，地上有20层，地下有5层，据说即使发生核弹爆炸，也照样能进行手术。

聚会中让我感到吃惊的是，参与者的平均年龄是80岁。这些犹太爷爷、奶奶完成了养儿育女的责任，以分享和交流的精神，来度过人生中可能会感到孤寂的老年期。尤其是为了这个慈善聚会，每年准备饮食、准备致赠给参与者的礼物、无条件筹备聚会的伊凡与西蒙夫妇，也超过了80岁。

俊宇与朋友阿里一起主持拍卖会，他们一个人呼叫中标者的号码，另一个人直接将礼物拿给行动不便的老人。和第一次参加的俊宇不同，阿里相当干练。阿里从婴儿时期开始，就随着奶奶和妈妈出席这个聚会，自然相当有模有样。

我一直认为捐献给留学生家庭是浪费。因为学校本身有义工活动，我们周边的朋友或熟人有困难或需要帮助时，我们也会积极给予协助。但是从来没有人教导过俊宇，我们必须帮助有困难的人，即使这些人跟我们毫无关系。

寇特妮从小就跟着母亲参加这个聚会，她的儿子阿里因为常跟着奶奶和妈妈去参加，从小就学到捐赠与分享的价值。捐赠并不是与生俱来就会的，而是通过身体力行养成习惯。孩子从小看着父母捐助他人长大，也会有一颗乐于助人与关怀的心。

从 2016 年新年开始，全美掀起一股购买威力彩的热潮。美国犹太商人拉兹尼茨曾买了 18 000 张彩券给全体员工当作礼物，他在接受采访时说：“我会准备一张彩券给你，你可以为自己的希望与梦想做好准备。”

我曾经很讶异地在报纸文章里看到，我的犹太朋友经常对我说的话：“我希望我的孩子能够在一个比现在更美好的世界里成长。我也觉得有更大的责任，要留给你和所有孩子更美好的世界。”脸书创始人扎克伯格在女儿诞生时，在脸书上发布信息，宣布将自己持有的 99%、约 450 亿美元的脸书股份捐给社会。

我们很容易认为，把这么多钱留给孩子，才是为子女该做的事。但是我的犹太朋友说，相较于只有自己的孩子聪明又家财万贯，我们生活在什么样的世界，又跟什么样的人共处，其实更为重要。因此，大人应该致力于为孩子创造更美好的社会。

“修补世界”这个犹太教的思想基础，认为完美修补上帝创造的不完整的世界，是人类的任务。犹太人总是关心别人比关心自己更多，经常致力于社会贡献，虽然仅占美国人口约 2%，捐款金额却占美国总捐款额的 45%左右。

犹太人把慈善捐款视为生活的一部分。古代犹太人将捉到的牲畜献给上帝当祭品，称为“慈善”。罗马圣殿被摧毁后，难以进行“慈善”，于是开始以“分享”给穷人，来践行“慈善”。

我的犹太朋友家里都有一个分享箱。孩子从小被教导什么是“分享、慈善”。犹太人认为，慈善和捐赠不是为了对别人炫耀，更不是冀望获得回报。

犹太人最大的目标是受捐赠对象能支撑自己。对犹太人来说，帮助别人，使对方最后能自力更生，才是最高境界的慈善。

每年主办一次哈达萨慈善聚会的伊凡，是在英国长大的犹太人。她曾跟我说过自己开始分享的过程：“我从家人和邻居那里获得了很多帮助。而我去帮助那些需要帮助的人，是对我接受过的帮助的一种回馈方式。”

伊凡从15岁开始，就在思考如何帮助他人。她想：“我是一个不过圣诞节的犹太人，那在圣诞节要做些什么呢？”于是她决定去地区医院做义工，让护士在圣诞节可以休息，由她来代替她们照顾新生儿。这位帮助别人的15岁少女，直到80岁还在践行“修补世界”。她通过终其一生的分享，提高了自己的人生价值。

44
心存感激的特别日子

有一天，我去犹太朋友蕾莫家拜访，当时他们全家人都正饱受肠炎之苦。看着蕾莫好几天都在辛苦照护 15 个月大的婴儿和 6 岁的儿子利亚德，还有先生，我感到十分不忍，想跟她聊聊天，给她一点力量。不过，出乎我的意料，我以为蕾莫应该是非常疲累，结果她的脸上却露出笑容。因为利亚德好久没见到我，看到我开心得蹦蹦跳跳，可是据说几分钟前还在呕吐。这个受肠炎之苦的家庭，有着令人不可置信的活跃气氛是有原因的，因为那天刚好是犹太人的植树节。这一天是上帝创造树木和植物、大家感恩大自然的日子。

“我知道犹太人有很多的节日，但是也有感谢大自然的日子？”我笑着说。

刚上小学一年级的利亚德，拿着原本打算当天在学校礼堂分享的演讲稿到我面前朗读。

“今天是犹太人的节日植树节。我想在各位面前用希伯来文与英文分享大自然的伟大。感谢上帝创造树木和植物并赐予我们。植物和树木提供了有用的果实与食物给我们，食物带给我们健康，让我们过着幸福的生活。”

我微笑地看着利亚德朗读演讲稿。突然，我有了很大的启发，树木、植物和空气等大自然，一直都在我们周围，它们为人类带来的好处，大到无法用言语来形容。在特定的日子里，重新回顾大自然的伟大（我们可能没想到或已经遗忘），并表达感恩，能带给人更大的幸福感与感恩之心。这个感受及感恩大自然伟大的特别日子，成为呕吐又腹泻、饱受肠炎所苦的一家人，战胜疾病且继续面带微笑的魔法。

许多犹太节日如逾越节、吹角节、住棚节、光明节等，会让人感到一年12个月好短。而且各个节日都是“感谢让我们现在得以品尝丰富的食物，感谢让我们得以平安且健康地生活，感谢在罗马圣殿倒塌后重新战斗找回圣殿的祖先与国家”这种纪念感恩的特别日子。这么多的犹太节日，让我感受到自己现在享有的一切，是多么宝贵且值得感恩。这种感恩之心给予我们的礼物，便是能在无聊的日常生活里感受到丰足与幸福感。

45
无价的时间

大卫和费莉西亚是我们家最早认识的犹太朋友。大卫与好莱坞女星杰西卡·阿尔芭的丈夫，也就是电影制作人卡什·沃伦，同为短袜品牌 Pair of Thieves 的共同创始人。他们之于我们，就像是家人般的朋友，我们一家抵达加利福尼亚州时，他们还来机场迎接我们，协助我们安顿下来。有一天，大卫和费莉西亚带我们一家人到一家犹太餐厅。由于是周末下午茶时间，人潮众多，不得不排队等候一段时间。大卫和费莉西亚费尽心思，唯恐年幼的俊宇感到不耐烦。

大约等了一个小时，服务员把比我们晚到的人先带入座。虽然我们都感到有些错愕，但是因为在俊宇面前，大人便不能吵架。我们又等了大约 20 分钟后，服务员才带我们入座。大卫一坐下，立刻以亲切的声音呼唤经理过来，他向经理简单说明了状况，并郑重要求他换掉服务员。大卫对后来才走过来、面带尴尬的服务员说了以下这段话。

“时间比金钱更重要，金钱无法购买时间。另外，如果你想买我的时间，你知道要花多少钱吗？你今天付出的代价，已经是我最大的让步了。”

大卫带着微笑，以开玩笑似的、比平时更从容不迫的态度这么说着。如果我是大卫，会怎么做呢？我一定会叫服务员补偿我等了一个小时的厌烦的心情。

对大卫这位犹太人而言，不合理地多等 5 分钟、10 分钟的时间，实在非常可惜，但把时间用来对服务员发火与吵架，他觉得更不划算且没效率。无论如何，我很难想象我的犹太朋友居然在受到不合理待遇时，还能压下怒火，忍耐下来。但是他们认为，就连为了压下怒火而必须消耗的能量与时间，也不能浪费。

“孩子，还剩 15 分钟！”这是游戏时间结束前，犹太妈妈一定会对孩子说的话。接下来妈妈会以 5 分钟为单位，告知剩余时间。小孩若想跟朋友多玩一会儿，就会有效率地计算并度过剩余时间。如果有一定要做的事，必须在时间用完之前做好计划，因为时间是用再多的钱也买不到的东西。犹太人会提高声量说："比金钱更有价值的东西，就是时间。"

"虽然人们重视金钱更甚于时间，但是因金钱而损失的时间，却不能用金钱来购买。"这是《塔木德》里记载的内容。

犹太父母会让他们的孩子过有规律的生活。大多数犹太妈妈在孩子上学前一天会避免让他们参加游戏活动或派对，平时孩子在8~9点上床睡觉，放学后都知道自己什么时间点该做什么事，每天遵循吃点心、做作业的时间，过着规律的生活。重复这样的生活习惯，就能今日事今日毕，可以领悟时间的价值且有效率地度过，还能安排好自己的日程。

犹太朋友经常会在对话中说："如果想有效利用时间……""如果这样做，我可以有效运用时间……"

有些人误以为善用时间就是在短时间内做很多事情，也有人会认为在短时间内叫孩子做东做西，就是有效利用时间。但是这时必须思考的是，孩子在那段时间失去了些什么？

每个人都有愉悦地度过某段时间的义务与权利。孩子一天到晚把时间花在参加活动和补习上，就没有时间体验新奇、纯净和充满无限想象的世界。就这点而言，犹太人的安息日意义十分重大。被满档行程追赶着的人，可以通过安息日与家人沟通，表达感恩之情，通过休息重温时间的意义。对于犹太人，时间是一种最有价值的存在，比不应该被浪费的金钱更重要，并且同时能让人感受到快乐和幸福。

PART

7

犹太人
是协商达人

享有“全球首席谈判大师”称誉的赫布·科恩（Herb Cohen），是一位犹太人。他最好的朋友拉里·金认为，科恩从小就展现出优秀的谈判能力。科恩著有《谈判无处不在：如何通过谈判赢得你想要的一切》（You Can Negotiate Anything）一书，曾担任美国前总统卡特和里根的谈判顾问，并且开发出 FBI 的谈判课程。他认为“人生的一切都是谈判的过程或结果”。所有的人生谈判都涉及三个要素：时间、资讯和能力。如何运用和控制这三大要素，让事情朝对自己人生有利的方向进行，就是一种谈判技巧。犹太人彻底了解到人际关系的重要性，他们运用卓越的社交能力和适当的幽默，不论何时何地都能带动气氛。犹太人有句格言说：“成功不在于你知道多少，而在于你认识谁。”意思是人际关系才是成功的关键，而非知识。那么，犹太人是如何具备杰出的人际关系和生活谈判的能力呢？

46

人际关系的重要性

每当寒暑假或连续的假期结束后，要回到学校上课的那一天早晨，俊宇和我就会陷入心理战，因为平时活泼又开朗的俊宇，会变得十分寡言又紧张，连早上遇到同学打个招呼、道一声“早安”都很吃力。俊宇说:“我只是不想打招呼而已。”此时，我总会想，“现在不打招呼又怎样，等他再长大一些，就改善了吧！”帮他找各种理由来安慰自己。但是，当俊宇一再重复这样的行为之后，我终于下定决心跟他好好谈谈。

“俊宇呀，你知道人为什么要上学吗？”

“去学校学习英文和数学，不是吗？”

“我们学习不只是为了念书，还要做更有意义的事情。你认为在学校除了坐在教室里念书，还学到了什么？”

俊宇沉默了好一阵子，于是我说：“俊宇，你去上学的话，在点心时间、午餐时间和其他上课时间，都跟其他小朋友们一起玩耍、聊天，也会和老师讲话，对吧？这就是大人所谓的社交能力或社交技巧。社交技巧就如字面上的意思，是我们生活所需的技能和方法。我们可以把它当作从小开始学习的功课！新学期和新朋友第一次谈话觉得紧张，过完长假重新回到学校，对原本熟悉的朋友感到陌生，不只是你会这样，妈妈、爸爸、老师，大家都会有类似的体验。要不要试试用一种‘学习的态度’，来克服那些害怕和陌生的感觉？如果从小开始持续练习的话，我们就可以学会跟任何人都可以自然地讲话和打招呼。”

我忍不住回想起自己的童年。印象中，小时候只要谁想跟我说话，我就会放声大哭。我母亲忙着送我去学跆拳道和上口才训练班，我却觉得很讨厌且百般不愿意。我将自己小时候这种小心翼翼，以及用不好意思来自我武装的往事告诉了俊宇，但如今我在旁人口中成了“擅长社交的俊宇的妈妈”。俊宇听到那么喜欢与人交流的妈妈，有这样的童年，露出了难以置信的表情。

“大部分人都曾经像你一样，有过内心感到恐惧的时刻。不论是妈妈，还是无论何时何地总是自信满满的爸爸，以及老师也都是如此。就像学数学一般，学习社交技巧，并且经常练习，会比考试拿到好成绩，让人获得更大的成就感。”

犹太父母如果发现孩子天性较为害羞，会努力通过适当的培训和关心，提高孩子的社交技巧。不过，这不是为了让一个安静害羞的孩子，突然变得积极外向，便不断逼迫或施加压力。每个人的天性不同，父母无法强迫安静的孩子改变自己与生俱来的特质。但是，犹太父母对内向、社交能力明显较低的孩子，是不会袖手旁观的。他们会试图找到一种适合提升孩子社交能力的方法，努力让孩子能够多表达一点，并增加其自信心。他们在不伤害孩子自尊心且不会造成压力的范围内，寻求解决方案。

当然，解决方案是在现实生活中实践。例如，跟孩子一起去买东西时，鼓励孩子跟收银员打招呼；去餐馆时，让孩子自己去点想吃的东西；从小就教导孩子跟陌生人沟通的方法，或者通过玩耍日来创造孩子与许多朋友一起玩的机会。

如此，即使是内向的孩子，犹太父母也会努力根据孩子的天性，帮助孩子增强社交能力。他们认同并尊重孩子安静的天性，但也相信可以逐渐改变。

在韩国，所谓的“人脉”一词，经常被认为是不公平、带有欺骗手法的负面用语。犹太人认为人脉是个人能拥有的珍贵能力，人脉是一项重要的技能，可以使他们达成远胜于他们自身能力的成果。而且，他们觉得为了建立良好人脉关系养成的社交技巧，是人在出生以后，不断学习和实践得来的，因此给予极高的评价。以社交技巧为基础建立的人脉关系，其实如我们所具备的知识或能力一样，足以决定或改变人的命运。

犹太人相信，儿童学习社交技巧中最重要的老师，就是父母。即便父母并非刻意教导孩子建立和维持人脉关系，也会在孩子心中留下深刻的影响。如果父母不喜欢社交，那么就很难期望孩子成为有社交能力的人。孩子会从以自我为中心的父母那里学到自私自利，从乐于分享的父母那里学习到合作精神。

创造成功的关键

杰出的社交能力和卓越的人际关系能力，真的能够成为决定人类命运的力量吗？霍华德·舒尔茨出生于一个贫穷的犹太家庭，是整个家族中第一个上大学的人。由于他喜欢运动，所以有机会取得体育绩优生奖学金，不必付学费。霍华德主修大众传播学，他的第一份工作是在一家公司担任行销经理。某一天，他去意大利出差的途中，进一家咖啡店看了一下，得到了一个启发，那就是“咖啡专卖店不仅要调出最好的浓缩咖啡，也可以成为人们见面和交流的地方”。霍华德之所以会有这个点子，是因为他平常乐于与人交流，并且重视人际关系。于是，他立即规划出一个咖啡专卖店的计划。但是，这项计划被公司的执行长拒绝，于是霍华德在 1985 年离职。

霍华德需要 40 万美元才能实现自己的梦想。虽然饱受挫折，但让他重新振作的力量，就在于他喜欢并认为最重要的社交技巧和人际关系。喜欢打篮球的霍华德，有一群因一起运动而变得熟悉的朋友，他们之中包括医生和商人，于是他从这些朋友身上获得经济支援，创立了现在的星巴克。霍华德的梦想始于一个绝妙的点子，他的社交能力和人际关系，则帮助他实现了梦想。

硅谷犹太人的成功故事中，最家喻户晓的便是谢尔盖 · 布林和拉里 · 佩吉在车库里创立了 Google。他们的关系从朋友开始，后来成为共同实现梦想的最佳伙伴。

“长眠于此的人，身边总是聚集着一群比他更优秀的人物。”这是安德鲁·卡耐基墓志铭中的话。安德鲁原本是一名普通的铁路工人，后来之所以能够成为钢铁大王，是因为他看重人际关系，并且能够维护人际关系。

美国社会认为个人所具备的沟通能力，比起其读过的大学，更能够决定其成功与否。我的犹太朋友说，一个人若在社交生活中无法与人沟通，将无法成功。

我们的孩子别说是交朋友，甚至连跟人建立关系的时间都没有。他们不是将所有时间都放在提高成绩上，就是在看电视，玩电脑、iPad和智能手机。在这种生活方式中，人际交往能力相对短缺。人是一种群体动物，社会是由人与人的关系组成的，因此，一个拥有良好人际关系的人，自然会成为社会的赢家。

与他人交流可以摆脱羞怯，并与陌生人建立关系。而且，若能够因此体验更幸福、更美好的世界，那将成为社会生活中最强大的武器。如果想要成功，我们就必须与更多人建立友好关系。我的犹太朋友当然确切地了解到，友好的人际网络是多么重要。

47

协商与信任

这是俊宇幼儿园放学后，他的同学科尔和他母亲之间的一段对话。

“妈妈，我今晚想吃鸡肉！”

“今天我们家没有犹太洁食鸡，所以我会煮蔬菜意大利面。”

“那么，我们在回家的路上，去犹太洁食市场买些鸡肉来煮吧。”

“犹太洁食市场早就关门了。”

“那么，我们到另一个市场买鲑鱼来煮。鲑鱼本身就是洁净的，对吧？然后，妈妈想吃的意大利面，明天再吃吧！”

听着科尔在放学途中毫不放弃、一直和妈妈协商晚餐吃什么的对话，我不禁笑了出来。我见过的犹太孩子，不知为何很少有人是乖乖听话、只点头说“好”的。若以我们的文化来看，如果敢对父母回嘴，往往被当成没有教养的孩子。但是犹太父母对于孩子提出的许多建议，不会认为是忤逆，反而很欢迎孩子发表意见，因为他们相信孩子因此可以学会谈判和协商的方法。

犹太人是谈判达人

当有争吵时，没有谁比犹太人更适合当仲裁者了。我的犹太朋友都是协商和谈判的高手。犹太人一直被认为是商业技能相当发达的民族，通过历史记录和众多的文学作品，的确可以找到这些证据，事实上，绝大多数掌控美国经济的大富豪，都是犹太人，这足以证明这一点。

有“沙漠乐园”之称的拉斯维加斯，当地十大资本家中，包括谢尔登·阿德尔森（Sheldon Gary Adelson）在内，有九位是犹太人，另一位非犹太裔者，则是 2017 年成为美国第 45 任总统的特朗普。

最受法国政坛人士青睐的雪铁龙汽车，还有欧莱雅化妆品，也是犹太人的代表标志。

美国对冲基金天才约翰·保尔森（John Paulson）是一位神话般的人物，2008年全球金融危机期间，他通过逆向投资赚了相当于270亿人民币的钱，并将其中一部分捐给了哈佛大学。当时哈佛大学的学生虽然反对接受捐赠，但还是接受了校方的决定。

犹太人总是会听取别人的意见，当对方持不同看法时，则会试图加以说服。他们会分享彼此的想法，进一步发展成积极且具有创造性的思维。这和能够独自有条不紊地说话的能力，有着很大的不同。犹太人是在漫长的讨论和对话的文化中，找到各种选项的谈判高手。

务必遵循对孩子的承诺

犹太人在社会上获得成功的重要因素之一，不只是谈判技巧，来自周围人士的信任也扮演着重要的角色。有一天，俊宇和幼儿园朋友科尔约好周日在公园一起度过玩耍日。当天，我看到科尔的爸爸，一位属于信奉保守主义的犹太拉比，戴着犹太小帽并穿着传统犹太服装，气喘吁吁地牵着科尔来到公园，说科尔妈妈因为流感无法出门，他因此提早完成了布道，带着儿子来公园赴约。

依照常理判断，如果妈妈生病的话，取消或是延后玩耍日的约定即可，但是科尔的爸爸告诉我：“犹太人会明确教育他们的孩子必须遵循诺言。如果我今天违背了玩耍日的承诺，我将会让我的儿子成为一个无法兑现承诺的朋友。我们也将成为一对未能遵守承诺说要带科尔去参加玩耍日的父母。”

犹太父母无一例外，都彻底教育他们的孩子必须遵循承诺。如果你想让孩子成为信守承诺的人，那么最重要的就是要遵循父母对孩子的承诺。

大多数父母经常以“我明天会做”来避免失信的危机，但是犹太朋友如果承诺明天会做，就一定信守。如果无法遵循承诺，他们一开始就不会立下约定。

遵循诺言的犹太人在社交生活中，往往可以赢得周围人士的信任。这种信任感为新的关系展开时提供了更多的机会，并且对于成功的人生，至关重要。

48

诚实道歉的方法

有一回俊宇和利亚德一起参加夏令营。夏令营结束后，他们两个并排坐在我的车子里，一起前往利亚德的家。可能是天气很炎热的缘故，利亚德一坐上车，就开始对看起来很累的俊宇恶作剧，甚至还在俊宇的汽车座椅上涂鸦。俊宇受不了，开始发脾气，但是利亚德的恶作剧越来越过火，让俊宇气到似乎很难控制自己的情绪。他们两个人争吵了好一阵子后，利亚德说道:“你为什么这么生气？等一下！我知道如何帮你降火气。”

利亚德一回到家后，就立即冲了进去。正在跟我解释为什么会生气的俊宇，看到利亚德的行为更加火大。

不一会儿，利亚德拿着糖果和果冻走了出来，放到俊宇的手中，说：“这些给你吃，不要生气了，俊宇。”

俊宇把糖果和果冻扔到地上，变得更加生气，场面越来越难看。不久之后，利亚德的妈妈跟利亚德说了几句话，将他带到客厅去。她建议利亚德自己在俊宇面前解释，他做错了什么事，并且跟俊宇道歉。

“如果我承认我错了，我担心你会对我失望，而且会更讨厌我。对不起。”

每个人都对利亚德坦率地道歉感到惊讶不已，因为他居然在担心自己重视的朋友不喜欢他，不再跟他玩。不久之后，俊宇也为自己发脾气感到难过而道歉。年幼的利亚德希望用糖果和果冻来化解朋友的愤怒，这种想法真是既奇特，又让人揪心。

这一天，利亚德的妈妈蕾莫教会了他向朋友道歉的方法，这两个孩子也学会了和解的方法。蕾莫告诉孩子说：“朋友之间总是有可能吵架。爸爸和妈妈小时候跟朋友吵架的次数，远比你们还多，而且吵得更厉害。但是，如果要成为真正的朋友，就必须学会如何和解。”

无论是多么要好的朋友，在相处的过程中，有时候一不小心就会伤到彼此的心。如果不想因为一时的错误，破坏双方的关系，就要懂得尽快承认自己错了并道歉，以真诚的态度取得对方的谅解。学习如何好好道歉，其实是在学习未来犯错时该如何负责，以及如何体谅对方的感受。

49

为正义而战的力量

我的犹太朋友斯格列特在以色列生下第一个孩子后，就因为丈夫去美国念博士班，开始在美国生活。她的母语是希伯来语，英语是第二外语。她的大女儿伊登在小学四年级曾参加过美国教育部的一个专案，这是一个针对学习能力超前的儿童所推动的课程。

有一回父母们齐聚一堂等待孩子，当场有位美国父亲说:“我女儿是五年级的学生，目前参加这个专案学习六年级的课程。事实上，南美洲出身的父母亲可能不能理解吧。许多南美洲人居住和聚集的社区，附近学校里的孩子都不会说英语，只会说西班牙语。他们怎么会对自己孩子的教育如此漠不关心呢？我女儿已经在这里念了一学年了，但是其他孩子还是无法跟上同年级的程度。父母的母语不是英语的孩子，学习能力总是会受限许多。问题是我们的孩子必须跟这些孩子在同一个社会中生活啊！”

斯格列特听完这段话，简直无法压抑沸腾的怒火。

“你有什么凭据说所有南美洲出身的人都是如此？我先生在普林斯顿大学的同事中，有很多都是南美裔人。而且你知道每所大学中，有多少教授是南美裔的吗？如果你知道他们在学界提出了多少优秀的理论，恐怕会感到十分惊讶。虽然我不是来自南美洲，但是英语也是我们家的第二外语。我女儿就在这种家庭中成长，现在是四年级。对于你五年级女儿来说，是越级一年，但对我女儿来说，是越级两年。你只以自己遇到的几个人就做出以偏概全的负面陈述，这是相当不正确的。”

如果换作是我，处于如此状况下，会如何回应呢？我会因为自己不是来自南美洲，所以觉得无所谓而自我安慰吗？或许我会认为这是一个与我无关的事情就略过，即便我心中可能有点不舒服。在这种情况下，立即挺身跟别人争论是非并非易事，再加上如果英语是第二外语，还要担心自己的发音，若是你的话，是否有勇气跟美国大叔争论呢?

斯格列特跟我一样，英语是她的第二外语。她原本就不是一个健谈的人，而且说话带着浓重的希伯来语口音。但是，斯格列特认为，若为了正义辩护，这些问题都不重要。她说:“我总是教育孩子要毫不犹豫地为正义而战。因此，如果在那个场合，我听完那段话却没有挺身而出，那么伊登会有什么感想？当然，当时伊登并不在场，但是，如果我是这样的母亲，又怎么教育我的孩子要光明正大？当孩子看到一个无法堂堂正正的母亲时，他们又能学到什么呢？”

犹太民族长久以来散居世界各地，饱受欺凌。或许是因为这样的历史背景，让他们有强烈的动机，教育孩子必须为了实现正义的社会付诸行动。“犹太人大屠杀”的幸存者、也是诺贝尔和平奖的得主埃利·威塞尔认为:“冷漠导致人类在实际死亡之前，已经死亡。”他在著作《夜》之中，这样写道:“我发誓，当人类必须承受痛苦和屈辱之际，我永远不会沉默。我们必须明确表态，中立只会帮助压迫者，对受害者毫无助益。沉默赋予恶霸权力，并且不会给受苦者带来力量。”

犹太人教导孩子面对不公不义时，一刻都不要犹豫，即使是跟自己无关的不义之事，也要挺身而出。因为他们相信，虽然现在这种不公不义不是针对自己，但是有可能会埋下不义的种子，最终还是会祸及自己。因此他们教导孩子为正义而战，试图借此拔除掉社会上不义的种子。一个为正义而战的社会，就是实现我们所梦想的“不分你我，世界大同”的正义社会的起点。

2015年巴黎恐怖袭击事件发生之后，扎克伯格在个人脸书页面上发布了一则信息，内容是希望并鼓励大家为穆斯林的权利而战，其中有一段话引起了我的注意。

“我的父母教导我，作为犹太人，我们必须抵制一切不公不义之事。即使这个攻击现在并没有针对我，但是这种攻击最后将会伤害所有的人。”

扎克伯格的犹太父母，传达给他们儿子的这段信息，让我看了不由得产生敬意。因为我在犹太朋友身边就经常亲眼所见、亲耳所闻这种犹太父母的鲜明教导。那一刻也让我领略到这些教导的价值所在。

50

幽默是生命成功的秘诀

父亲为了拯救儿子的生命而代替孩子被捕；即将离世的父亲为了难过的儿子翩翩起舞……持续不断的枪响，以及那位父亲的笑容，叫我难以忘怀。

这是电影《美丽人生》的最后一幕。电影中的这位父亲是一名犹太人，在面临死亡的恐惧下，依然传达人生的幸福感给家人。这部电影描写二战时期纳粹集中营里针对犹太人的大屠杀，最后这一幕，让许多观众印象深刻。

对犹太人而言，幽默具有特殊的意义，犹太人的幽默，与他们的历史密切相关。犹太人过去曾饱受迫害，为了努力活下去，开始培养幽默感。幽默是犹太人忍受苦难的重要工具。基于《塔木德》所培养出的犹太式幽默，不仅是让人开心的笑话，也是蕴藏着历史、继承自父母的智慧。

犹太人从小时候开始，就经常与父母自在地交谈，并且熟悉父母的幽默。不论亲朋好友，大家都十分幽默，所以他们是在一个最适合学习幽默的环境中成长。这种幽默也使得冷漠的氛围变得祥和，并且让人感到怡然自得。

“幽默孕育了我，我足以傲人的最佳能力，就是开玩笑。”这是爱因斯坦在诺贝尔颁奖仪式中说过的一句名言。犹太人并不认为幽默只是单纯讲笑话，而是高水准的知识的产物。

“幽默”的希伯来语是“hopma”，意思是“智慧”。犹太人认为幽默感高的人必定非常聪明。从容不迫的人一定笑口常开，懂得逗别人开心。可以用三言两语就虏获人心的著名演说家，大部分都幽默感十足，而且懂得瞬间灵活运用幽默感。

事实上，我的犹太朋友无论年纪大小，或是从事什么职业，全都喜欢幽默。在新学期开始的家长会上，他们会以最佳的幽默感来带动气氛。对于正要接受手术的患者，他们也会以幽默及时缓解患者的紧张。不过有时候，幽默像是毫无根据的玩笑，会让他人感到难为情。因此，如何在某个瞬间，讲出符合现场气氛的比喻和言辞，发挥出最佳的幽默感，比其他任何事情都要困难。

对于犹太人来说，幽默是一种不断沟通的能力，这种幽默可以瞬间缓解紧张场面。

“我的犹太朋友在与美国总统奥巴马见面或是会见重要的商业伙伴时，都会说些什么？”答案显而易见，那就是从幽默的对谈开始。能够在面对权威人士的紧张场合，让人一下子放松心情且其乐融融的，就是犹太人的幽默的力量。

访 谈

访谈1

黛博拉·普鲁特（Deborah Pruitt）园长

克莱尔蒙特犹太幼儿园（Temple Beth Israel and Daycare）

一、你们有别于其他幼儿园的特殊教育理念是什么？

单纯将我们幼儿园的教育理念和其他幼儿园相比较是有困难的。因为美国的幼儿园有各式各样的课程，从强调学习重要的课程，到聚焦于游戏的课程都有。其中，最广为人知的是采用蒙特梭利或瑞吉欧·艾米利亚（Reggio Emilia）教学法的幼儿园。我们幼儿园的基本理念则是专注于儿童个体的发展，最关注的教育方式是通过积极的态度，培养对自我价值重要性的认识，这也是犹太教中最重视的核心价值。

二、你们的教育方式有运用到“塔木德精神”吗？

事实上，在幼儿教育中，直接运用“塔木德精神”的课程并不多。但是，当我们针对各种主题授课时，会鼓励儿童有不同的看法，这种尊重每个人都有自我观点的做法，可以说是源自于“塔木德精神”。不仅是《塔木德》，包括犹太教的基本精神，都强调有自信地表达出自己的意见。这是从幼儿期开始最重要的教育核心。儿童从小学习如何发出自己的声音、表达自己的意见，以及自然地参与讨论，等到长大成人，就能够尽情表达自己的意见，展现出自我价值。

三、据说犹太学校有许多以讨论为主的课程，你们有可以培养孩子从小就进行讨论的教育方针吗？

我们幼儿园的教学课程侧重于如何让孩子愿意参与，以及给孩子提供表达的机会。跟幼儿期的孩子进行讨论，会比其他时期更吃力，因为无法预测孩子会有什么样的问题和反应。但是老师们在脑海里都会有一个大致的主题、故事和情境，然后活泼地引导孩子参与，并且带动讨论。我们幼儿园各年龄层的孩子都有所谓的“地毯时间”（Rug Time，坐在地毯上进行教育），在这段地毯时间里，也会进行很多的讨论，孩子和老师可以一起坐在地毯上唱歌、念故事书或是聊天。事实上，这段时间不仅是犹太幼儿园，在所有幼儿园也是最关键的时刻。在这个时段进行的交谈中，孩子将学习到生活态度，还有社会和道德的价值。

四、犹太教育向来以创造力为核心，在犹太幼儿园如何实现？

我们认为给孩子提供各种机会来扩大他们的创造力，并且表达他们的创造力是最重要的事。幼儿教育最重要的是过程，不是结果。对于孩子来说，通过体验和发现来培养他们的创造力，比看着别人做出来的结果，然后依样画葫芦，更为重要。创意的表达没有正确的答案，孩子可以通过音乐、舞蹈和想象力的角色扮演游戏来发展他们的创造力。培养创造力的关键是让孩子在尝试和想象新挑战时感到安全，并且获得信任。这种信任感主要是通过父母和老师的鼓励与支持产生的。当孩子的创造力在自我感受和社会需求两边相互吻合时，要毫不犹豫地让孩子更自由地想象，并且表现他们的创造力。

五、为了保持犹太传统和民族认同感，在犹太幼儿园是否有相关的课程？

犹太教育十分重视传统文化的保存和民族认同感的巩固。对于幼儿期的孩子，有关传统文化的教育方式，就是通过保持犹太人的传统节日，一起玩各种传统的游戏，并且分享传统食物，还有讲述流传已久的故事等，让孩子通过体验来学习。每年我们都会庆祝犹太人的传统节日并且保留每周五的安息日习俗。我们在学校和家里，都保存我们的传统文化，借此建立我们的民族认同感。

六、听说犹太学校不教字母和电脑使用方法。为什么你们不看重学习字母和电脑教育呢？

虽然我们的幼儿园也教字母，但不是使用练习本或快闪卡片（单字卡）来教育。我们让孩子通过各种方式来接触字母，并且鼓励他们在日常生活中自然学习字母。在教字母的时候，最重要的莫过于创造一个让孩子享受学习的环境。孩子若是很开心地学会字母，就会想要读书，并且想要理解，这将成为他们产生好奇心的催化剂。快乐地学习可以提升孩子的学习效率。对于幼儿期的孩子来说，创造出让他们感到开心的环境且乐在其中，可以说是最基本的条件。

我们不会在幼儿园教孩子如何使用电脑。因为我们认为，与其让孩子接触影像视频，不如让他们彼此交流。我们希望孩子能够体验到更多，并且从体验中学习及成长，尤其是在孩子容易犯各种错误的幼儿期，这才是最好的学习方式。许多犹太父母并不是为了让孩子去学校写作业，坐在电脑屏幕前一整天，才送孩子去上学的。我们希望孩子能够经历和体验到更多的东西，并且学习如何与其他孩子相处，学习到各种不同的事物。

七、你认为犹太教育是什么？

我认为犹太教育就是《妥拉》、犹太教、历史、传统、文学等的综合。

访谈2

柯丽·尼尔森（Coye E.Nelson）园长

纳什维尔犹太幼儿园（Temple Preschool in Nashville）

一、你们有别于其他幼儿园的特殊教育理念是什么？

我们幼儿园认为每个孩子都有各自的可能性，并且尊重他们是人类共同体中的一员。老师有责任让孩子将原本所拥有的知识或感兴趣的事情，探索至淋漓尽致，并且努力让每个孩子具备的能力，能够与课堂上所探索或体验到的事物联结，找出孩子的好奇心与他们所探索的周遭世界能够整合的地方。我们幼儿园特别强调让幼儿期的孩子快乐地学习，让孩子在游戏中学习，包括艺术、感官教育、统合教育、与动物相关的学习等，孩子从有趣的学习中成长，可以提升自身所需的学习能力和人际交往能力。

二、据说犹太学校有很多以讨论为主的课程，你们有可以培养孩子从小具有讨论能力的教育方针吗？

传统上，我们对于《妥拉》的内容要如何解释，有各种不同的说明。大多数犹太人都会提出问题与质疑，并且根据不同的观点得出结论。我们的幼儿园也鼓励孩子对各种现象或书本的内容提出问题或质疑，老师也会问很多问题，以帮助孩子各自找出不同的答案，并且得出自己的结论。对孩子而言，并没有所谓的正确答案。

三、犹太教育向来以创造力为核心，在犹太幼儿园如何实现？

我们幼儿园致力于创造一种学习环境，通过活用各种工具，或是通过艺术、文学和科学来提高孩子的创造力。我们也会收集一些孩子感兴趣的范例，让他们直接体验。此外，了解孩子感兴趣的事情也很重要。我们学校的教职人员都在持续不断地研究如何让孩子有效地体验。

四、为了保持犹太传统和民族认同感，在犹太幼儿园是否有相关的课程？

我们通过教育让孩子对于犹太人的价值观和传统节日有基本的了解。我们不仅教英语，也教导孩子熟悉希伯来语，让孩子有机会接触各种不同的语言。最重要的是，在每周五的安息日，我们都会通过犹太人的传统音乐和祷告，强化孩子认同自己作为犹太人的身份。我们能够教给孩子最重要的事情就是犹太人的精神，包括：为了动物和大自然，以及我们爱好的世界和平而努力；去帮助别人的分享精神；尊重所有的人；还有努力创造出更美好的世界。

五、许多犹太人认为帮助别人，并且与人分享是重要的社会奉献价值。你认为幼儿期的教育对于成人之后的社会奉献具有影响吗？

当然，这是我们的最终目标。我们从小通过教育，让孩子学习人生的核心价值和创造知识的过程。而且从幼儿期开始学习对社会的奉献，到了成年之后，就能够思索出社会奉献的意义，并加以落实，这是我们的宗旨。我们幼儿园的孩子从小就通过各种课程，了解应该帮助弱势团体。我们曾经组织过食物募集（募集食物的捐助行为）、尿布募集（募集免洗尿布的捐助行为）等活动，也曾经募集玩具或衣服，捐给有需要的孩子。我们的最终目标是让孩子从小成为能够敦亲睦邻、善解人意的人。

六、听说犹太学校不教字母和电脑使用方法。为什么你们不看重学习字母和电脑教育呢？

我们并不是完全不教字母，也不会强迫孩子完全不使用电脑。但是，我们的目标是从经验和体验中学习，而不是依赖于解题的教育。幼儿期通过反复的尝试错误来体验，是十分重要的事，因为通过反复试错的过程，可以帮助孩子发展思考的能力。当然，幼儿若能学会字母，熟悉电脑的使用方法，将有助于提升找出问题答案的效率。但是，人生在世为了找到复杂问题的答案，不能只依赖有效的方法，我们希望能够培养孩子自己思考的能力。

七、你认为犹太教育是什么？

犹太教育鼓励孩子成为具有许多好奇心和创造力的人，并且不断寻求拥有强烈的犹太人认同感。我们希望帮助孩子成长，让他们成为对社会有所贡献的一员。最后，犹太教育不是由老师主导的单向教育，而是以孩子为主，让孩子思考、提出问题，唤醒自我，并发现自我。

图书在版编目（CIP）数据

犹太妈妈不买玩具 / (韩) 郭银京著 ; 何汲译 . — 广州 : 广东科技出版社，2020.3（2021.3 重印）
ISBN 978-7-5359-7424-2

Ⅰ. ①犹… Ⅱ. ①郭… ②何… Ⅲ. ①学前教育 – 家庭教育 Ⅳ. ① G781

中国版本图书馆 CIP 数据核字 (2020) 第 029180 号

犹太妈妈不买玩具
YOUTAI MAMA BU MAI WANJU

出 版 人：朱文清
责任编辑：高　玲　李　杨
监　　制：黄　利　万　夏
特约编辑：曹莉丽　孙　建
营销支持：曹莉丽
版权支持：王福娇
装帧设计：紫图装帧
责任校对：杨崚松
责任印制：彭海波
出版发行：广东科技出版社
（广州市环市东路水荫路 11 号　邮政编码：510075）
销售热线：020-37592148 / 37607413
http：//www.gdstp.com.cn
E-mail：gdkjcbszhb@nfcb.com.cn
经　销：广东新华发行集团股份有限公司
印　刷：嘉业印刷（天津）有限公司
规　格：880 mm × 1 230 mm　1/32　印张 8.75　字数 180 千
版　次：2020 年 3 月第 1 版
2021 年 3 月第 2 次印刷
定　价：49.90 元
